箱庭世界史

世界史

俯瞰 107 個
重大歷史事件,
快速建立國際觀

著 田中正人
監修 祝田秀全
插畫 玉井麻由子

譯 陳聖怡

Part 2 中世

Part 3 近世

Part 4 近代

Part 5 現代

前言　歡迎閱讀《箱庭世界史》

本書用一〇七個「箱庭」收納了世界史上的重要事件。

「箱庭」是日本十九世紀至二十世紀初期相當流行的一種藝術形式，

在小小的箱子裡，細膩地擺上迷你人偶、樹木、房屋等，打造一個具體而微的世界。

本書運用了箱庭的概念，在有限的空間裡呈現出歷史事件的緣由、發展與影響。

請各位依循著右頁的「START」或箭頭來觀看，

應該就能很快掌握世界史中各重要的轉捩點與事件；

而從頭開始翻閱，便能掌握由古至今大致的歷史脈絡。

此外，只要閱讀左頁的解說，就能更詳細了解右頁的箱庭。

書中並提到十九世紀以降的中國史和中東問題，

所以也能一併了解現在的東西方關係的脈絡。

歡迎各位來到這個壯闊的箱庭世界。

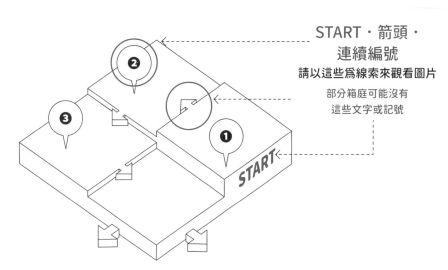

START・箭頭・
連續編號
請以這些為線索來觀看圖片

部分箱庭可能沒有
這些文字或記號

Part 1 古代

（〜 4 世紀末）

　　在大約七○○萬年前，**人類**的祖先**南猿**（如**南方古猿**等）誕生於非洲大陸。他們不但以兩條腿步行，還曾使用過**打製石器**。

　　後來，到了約二四○萬年前，出現已知用火的**直立人**（如**爪哇猿人**等）；接著在大約六○萬年前，又出現了擁有死者埋葬文化的**早期智人**（如**尼安德塔人**等）。

　　而後，在約二○萬年前，終於出現了包含現代人類在內的**智人**（如**克羅馬儂人**等）。

　　在冰河時期，**智人**是以狩獵為生，但等到冰河時期結束、氣候暖化後，智人便選擇了定居生活，開始從事農業和畜牧。此後，便從使用打製石器、過著狩獵生活的**舊石器時代**，邁向使用**磨製石器**、過著農耕生活的新石器時代。

　　在這之後，磨製石器逐漸演變成為青銅器等金屬器，迎向**金屬器時代**（**青銅器時代**及後來**鐵器時代**的總稱）。

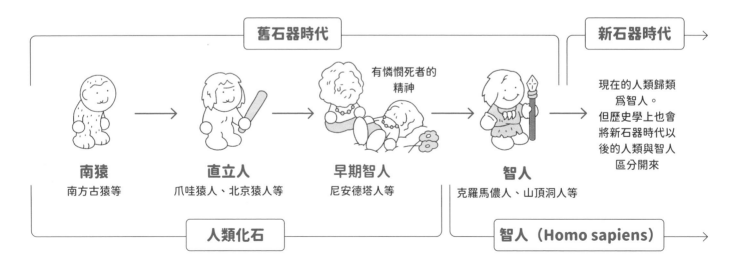

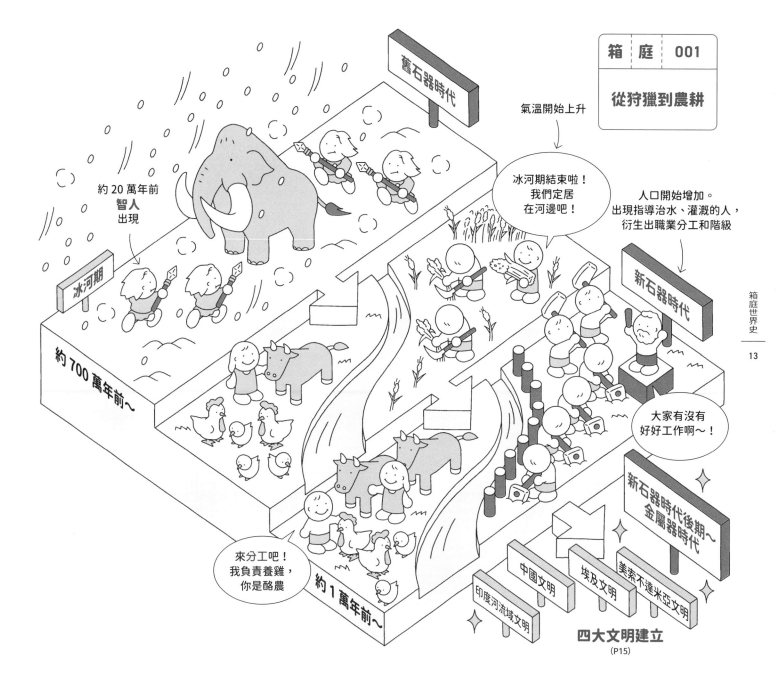

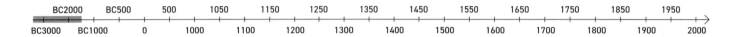

冰河時期（P12）結束後，人類開始以群體形式從事農耕和畜牧。這些群體後來形成**都市**和**國家**，在各地孕育出形形色色的**文明**。

其中尤其古老的大規模文明，又被稱為「四大文明」（約前 5000～前 1500 年）。它們分別是源自**底格里斯河和幼發拉底河**流域的美索不達米亞文明、源自尼羅河流域的埃及文明、源自**印度河**周邊的印度河流域文明，以及源自中國的**中國文明**。

基於「歐洲視角的東方」（近東），**美索不達米亞文明**

和**埃及文明**又稱為近東文明。美索不達米亞文明是由至今仍充滿謎團的蘇美人所建立，卻在內戰和與外來民族的爭戰中滅亡。至於擁有埃及文明的古埃及，是由太陽神之子**法老**（意指國王）統治，但後來遭到**羅馬帝國**（P30）消滅。

中南美洲有中美洲文明（P134）、安地斯文明（P134）等古文明繁榮發展。

此外，**歐洲**則有愛琴海文明（P16），和以巨石陣聞名的巨石文明。

四大文明

美索不達米亞文明
建立於西元前 3000 年左右。
發展於底格里斯河和
幼發拉底河流域。
由蘇美人開創。發明了楔形文字、
陰曆、六十進位法等等。

埃及文明
建立於西元前 3000 年左右。
發展於尼羅河流域。
由法老統治。發明了太陽曆、
聖書體等等。

印度河流域文明
建立於西元前 2500 年左右。
發展於印度河流域。
由達羅毗荼人開創。
以摩亨約達羅、哈拉帕等遺址聞名。
約西元前 1500 年時突然滅亡。

中國文明
建立於西元前 5000 年左右。
包含長江流域的長江文明和
黃河流域的黃河文明。
以黑陶、灰陶、彩陶等土器和
河姆渡遺址而聞名。

近東文明

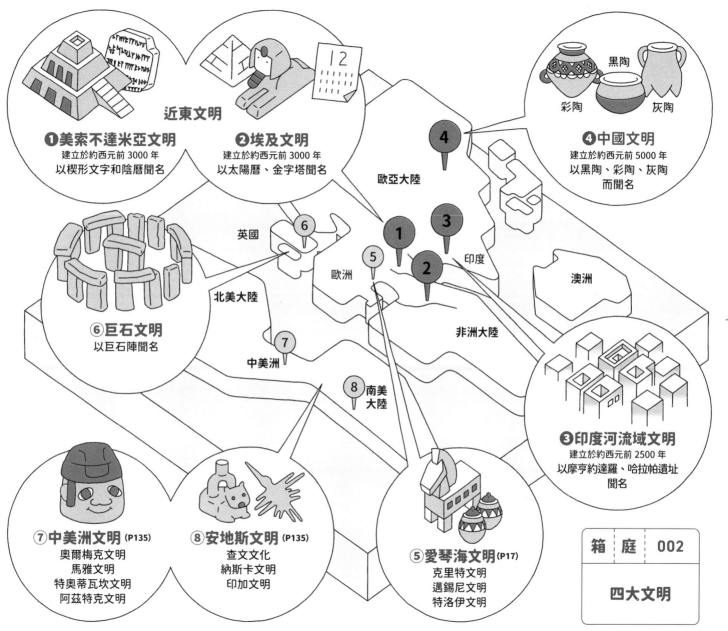

近東文明

❶美索不達米亞文明
建立於約西元前 3000 年
以楔形文字和陰曆聞名

❷埃及文明
建立於約西元前 3000 年
以太陽曆、金字塔聞名

彩陶　黑陶　灰陶

❹中國文明
建立於約西元前 5000 年
以黑陶、彩陶、灰陶
而聞名

歐亞大陸

英國

歐洲

北美大陸

印度

澳洲

非洲大陸

❻巨石文明
以巨石陣聞名

中美洲

南美大陸

❸印度河流域文明
建立於約西元前 2500 年
以摩亨約達羅、哈拉帕遺址
聞名

❼中美洲文明 (P135)
奧爾梅克文明
馬雅文明
特奧蒂瓦坎文明
阿茲特克文明

❽安地斯文明 (P135)
查文文化
納斯卡文明
印加文明

❺愛琴海文明 (P17)
克里特文明
邁錫尼文明
特洛伊文明

箱　庭　002

四大文明

萌生中的希臘化世界

愛琴海文明和希臘文化

　　歐洲文化的根源可追溯到**希臘文化**；而**希臘文化**的起源則是**克里特文明**（約前 2000～前 1400 年的邁諾斯文明，其民族體系不詳）。**克里特文明**發展自希臘愛琴海上的克里特島，此地做為貿易中心，因此是開放式的文明。

　　但克里特文明卻遭到來自歐洲大陸的**亞該亞人**（母語為希臘語）消滅。亞該亞人在希臘本土建立了**邁錫尼文明**（約前 1600～前 1200 年），和在土耳其西北部建立**特洛伊文明**的鄰國**特洛伊**經常發生爭鬥，屬於好戰的民族。

　　之後，人們便將**克里特文明、邁錫尼文明和特洛伊文明**合稱為**愛琴海文明**（約前 3000～前 1200 年）。

　　後來，希臘不停發生內亂、與他國戰爭，進入為期約四〇〇年的混亂時期。

　　最後，希臘分裂成許多名為**城邦**的**都市國家**。在無數城邦中，最有名的就是雅典和斯巴達。**雅典**是最早提出**民主主義**此一概念的國家，斯巴達則是規定所有人都須接受嚴格軍事訓練的**軍事國家**。

　　各個城邦有其不同的政策和思想，各自獨立為政。但由於城邦的民眾都通曉**希臘語**，於是透過**奧林匹亞慶典**來維護**希臘同胞**之間的協調性。

雅典	斯巴達
民主主義	軍國主義
公民是愛奧尼亞人	公民是多利安人
以貿易為主，開放式	以農業為主，封閉式
公民：奴隸＝1：1	公民：奴隸＝1：14
土地和房屋為公民所有	土地和房屋為城邦（國家）所有

希臘人的希臘語方言各不相同，
所以分為多利安人、愛奧尼亞人、
亞該亞人等。

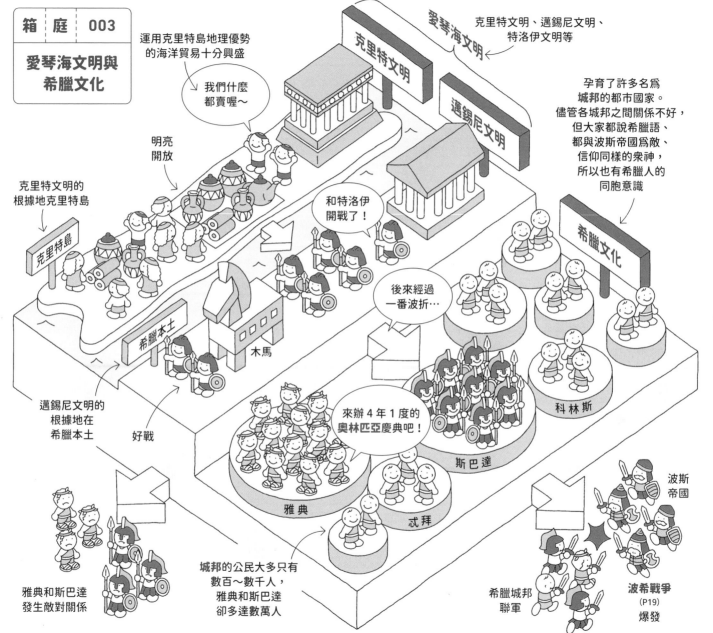

愛琴海文明與
希臘文化

運用克里特島地理優勢
的海洋貿易十分興盛

愛琴海文明

克里特文明、邁錫尼文明、
特洛伊文明等

我們什麼
都賣喔~

克里特文明

明亮
開放

邁錫尼文明

孕育了許多名為
城邦的都市國家。
儘管各城邦之間關係不好,
但大家都說希臘語、
都與波斯帝國為敵、
信仰同樣的衆神,
所以也有希臘人的
同胞意識

克里特文明的
根據地克里特島

克里特島

和特洛伊
開戰了!

希臘文化

希臘本土

後來經過
一番波折…

科林斯

木馬

邁錫尼文明的
根據地在
希臘本土

好戰

斯巴達

來辦4年1度的
奧林匹亞慶典吧!

雅典

忒拜

城邦的公民大多只有
數百~數千人,
雅典和斯巴達
卻多達數萬人

雅典和斯巴達
發生敵對關係

希臘城邦
聯軍

波斯
帝國

波希戰爭
(P19)
爆發

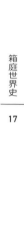

成熟的希臘化世界

波希戰爭與雅典民主政治

　　城邦中最有名的是**雅典**和**斯巴達**（P16）。其中，穀物生產匱乏的**雅典**十分盛行貿易；貿易越是盛行，富裕的公民就越多，於是公民便開始對壟斷政治的貴族心生不滿。因此雅典設立了**公民大會**，引進**直接民主制**，讓全體公民都能參與政治。

　　剛好就在這個時候，隔壁的**波斯帝國**（阿契美尼德王朝，即現在的伊朗）揮軍進攻希臘。雅典和斯巴達組成聯合軍隊，在**波希戰爭**中成功擊退了波斯帝國（前 500 ～前 449 年）。由於公民擔任**重裝步兵**、在戰爭中大顯身手，使得他們的意見越來越重要，雅典的民主政治也連帶逐漸變得成熟。

　　另一方面，**斯巴達**貫徹了強制公民接受嚴格軍事訓練的**軍國主義**。斯巴達是穀物生產豐富的龐大農業國家，需要由少數公民來嚴厲控管**農奴**（黑勞士）。

　　雅典和斯巴達的對立，從此日漸加深。

雅典

斯巴達

雅典是貿易盛行的
商業國

斯巴達是盛產穀物的
農業國

這樣就能
參戰了！

公民會自行購買
武器參戰

奴隸

公民

由少數公民管理多數
移民和奴隸

我們參戰，
保衛了國家，
所以有權發言

開始有了
發言權

今天也要
伏地挺身！

公民為了嚴格控管奴隸，
所以要接受斯巴達式教育

民主主義

軍國主義

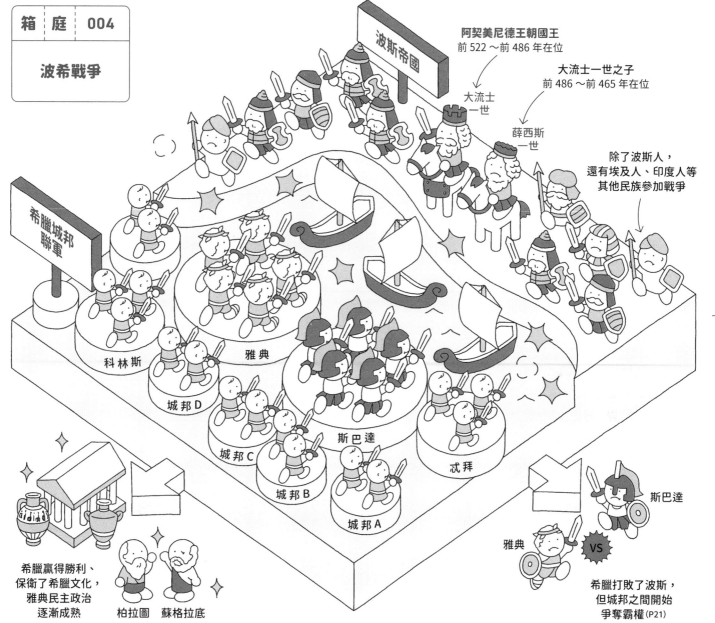

波斯帝國

阿契美尼德王朝國王
前 522～前 486 年在位
← 大流士一世

大流士一世之子
前 486～前 465 年在位
薛西斯一世

除了波斯人，還有埃及人、印度人等其他民族參加戰爭

希臘城邦聯軍

科林斯

雅典

城邦 D

城邦 C

斯巴達

弍拜

城邦 B

城邦 A

希臘贏得勝利、保衛了希臘文化，雅典民主政治逐漸成熟

柏拉圖　蘇格拉底

斯巴達

雅典　VS

希臘打敗了波斯，但城邦之間開始爭奪霸權(P21)

衰退的希臘世界

伯羅奔尼撒戰爭與波斯的式微

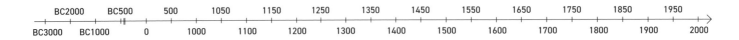

　　希臘在**波希戰爭**中贏得勝利（P18）後，各城邦為了防備波斯帝國捲土重來，便組成了**提洛同盟**（約前478年）。身為提洛同盟的中心，**雅典**藉此機會逐漸強化自己在希臘的影響力。

　　另一方面，**斯巴達**對雅典十分提防，於是帶領伯羅奔尼撒半島內的各城邦組成**伯羅奔尼撒聯盟**，以對抗提洛同盟。斯巴達與雅典的對立逐漸白熱化，最終爆發了**伯羅奔尼撒戰爭**（前431～前404年）。

　　斯巴達得到昔日敵對的鄰國**波斯帝國**（P18）協助、贏得了戰爭。但在這之後，城邦間的霸權之爭仍持續不休。各城邦開始僱用傭兵，「自己的城邦自己救」的原則逐漸崩壞；對自己所屬城邦的驕傲、城邦內的團結精神也慢慢喪失。隨著這股風氣形成，利用民眾的恐慌、偏見和無知以掌握權力的**煽動者**也開始崛起。

　　最後掌握希臘霸權的城邦是**忒拜**，但其政權並沒有持續太久。因抗爭而疲弊的希臘城邦就此走向式微。

　　位於希臘北方的國家**馬其頓**眼見城邦勢力衰退，國王**腓力二世**（P22）便出兵鎮壓了希臘；其子**亞歷山大**開始率軍遠征東方（P22）。

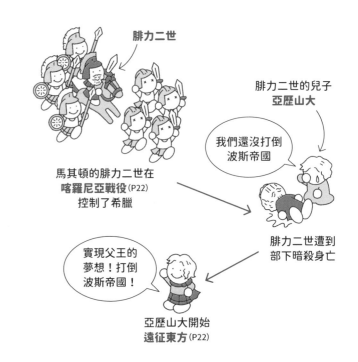

腓力二世

馬其頓的腓力二世在**喀羅尼亞戰役**(P22)控制了希臘

腓力二世的兒子**亞歷山大**

我們還沒打倒波斯帝國

腓力二世遭到部下暗殺身亡

實現父王的夢想！打倒波斯帝國！

亞歷山大開始**遠征東方**(P22)

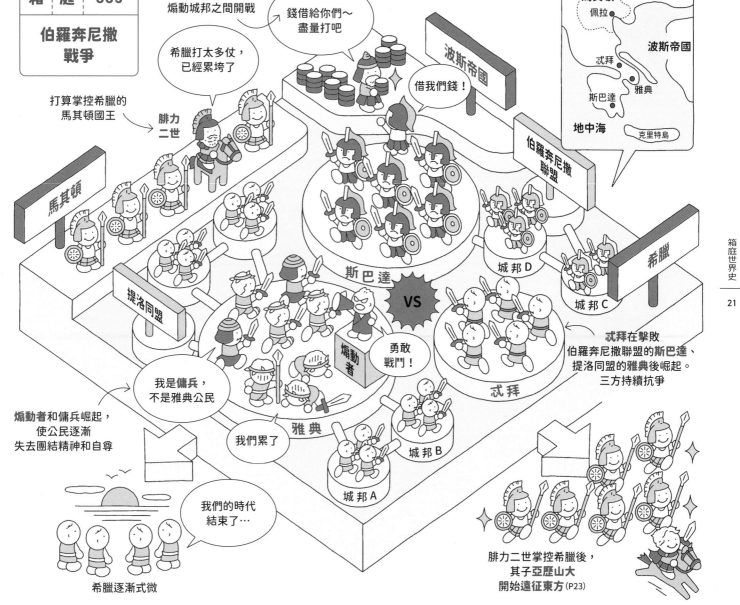

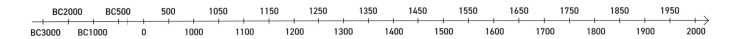

古代

22

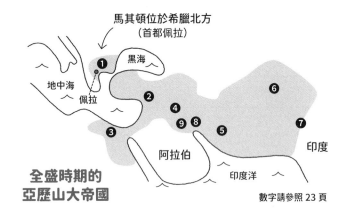

全盛時期的
亞歷山大帝國

數字請參照 23 頁

各城邦在接連不斷的抗爭中日漸疲弊,希臘世界也跟著逐漸衰頹(P20)。這時,對希臘虎視眈眈的,正是位於希臘北方的國家馬其頓。

居住在**馬其頓**的雖然也是**希臘人**(母語為希臘語),但這裡卻被雅典等城邦居民稱為蠻族。後來,馬其頓國王**腓力二世**(前359~前336年在位)在**喀羅尼亞戰役**(前338年)擊敗了早就今非昔比的雅典忒拜聯軍,掌控了希臘。

在腓力二世之後繼任王位的,是**亞歷山大大帝**(前336~前323年),他在許多方面都展現出驚人的能力。最為人所知的,是他率領馬其頓與希臘聯軍,攻打宿敵**波斯**帝國(阿契美尼德王朝)、展開東征(前334年)。他不但在**伊蘇斯戰役**(前333年)中打敗波斯帝國,並進軍印度近郊、建立了遼闊的**亞歷山大帝國**。

沒想到,亞歷山大大帝在抵達印度河流域後,竟然就病死了(前323年)。由於帝國的疆域擴張得太快,來不及完成殖民地的建設和政策。因此在他死後,國內隨即爆發內戰,整個帝國分裂成三個國家。

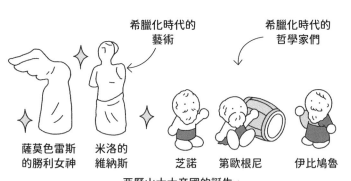

亞歷山大大帝國的誕生,
孕育出融合希臘和近東文化的**希臘化文化**。
從亞歷山大東征開始的300年間,稱為**希臘化時代**
(「希臘化」意指「希臘風格」)

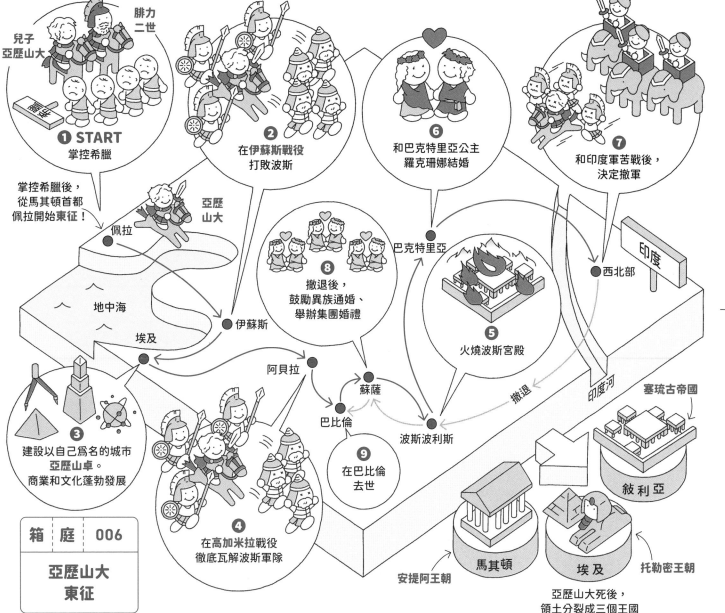

兒子
亞歷山大

腓力
二世

❶ START
掌控希臘

掌控希臘後，
從馬其頓首都
佩拉開始東征！

佩拉

亞歷
山大

❷
在伊蘇斯戰役
打敗波斯

❻
和巴克特里亞公主
羅克珊娜結婚

❼
和印度軍苦戰後，
決定撤軍

印度

地中海

巴克特里亞

西北部

埃及

❽
撤退後，
鼓勵異族通婚、
舉辦集團婚禮

伊蘇斯

撤退

印度河

塞琉古帝國

❸
建設以自己為名的城市
亞歷山卓。
商業和文化蓬勃發展

阿貝拉

蘇薩

巴比倫

❺
火燒波斯宮殿

波斯波利斯

敘利亞

箱 庭 006

亞歷山大
東征

❾
在巴比倫
去世

❹
在高加米拉戰役
徹底瓦解波斯軍隊

馬其頓

安提阿王朝

埃及

托勒密王朝

亞歷山大死後，
領土分裂成三個王國

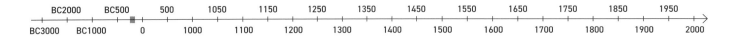

就在**亞歷山大大帝**（P22）長途跋涉之際，義大利半島上由拉丁人（母語為拉丁語）建立的共和制（元首不是國王，而是由選舉選任的政治形態）國家——**羅馬**的勢力也逐漸壯大。

雖說羅馬是採取共和制，但起初主掌政治的是**貴族**。感到不滿的**平民**發起抗爭，身為平民代表的**護民官**才獲准參與政治，並從此開始了由**護民官**、**元老院**（貴族議會）和**執政官**三者協議的全新**共和制**。

羅馬共和發展得十分順利，並趁勢向地中海另一端的國家**迦太基**，發起爭奪西西里島統治權和西地中海霸權的**布匿戰爭**（前264～前146年）。羅馬與**迦太基名將漢尼拔**（前247～前183年）陷入苦戰，但最終羅馬仍在將軍大**西庇阿**（約前235～前183年）的帶領下贏得勝利。

以布匿戰爭的勝利為起點，羅馬征服了**希臘化文化圈**（P22），成為整個地中海的霸主。

古代

24

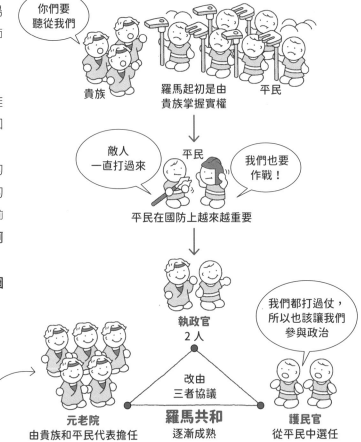

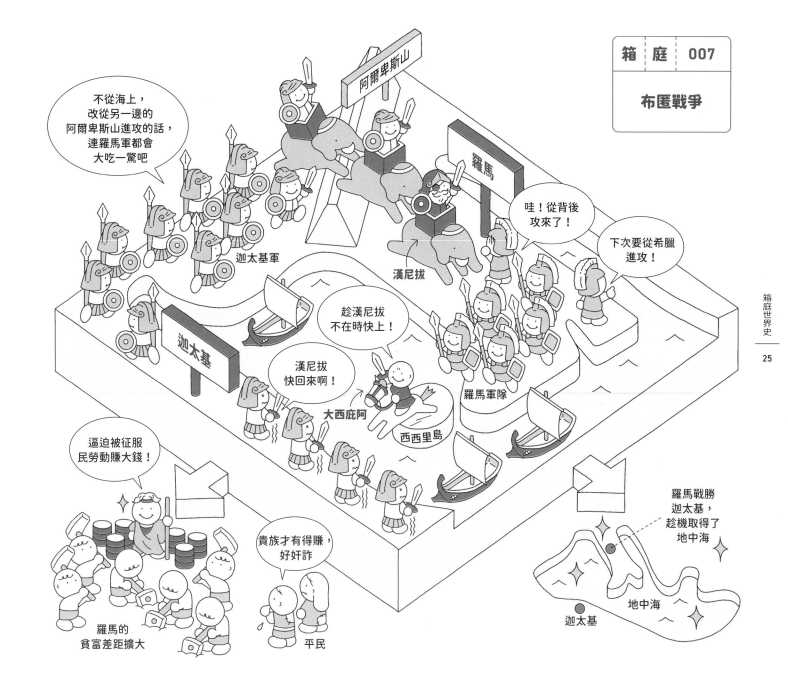

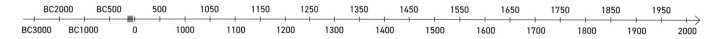

羅馬共和（P24）百戰百勝，獲得了許多**行省**（征服地）。但為了這些戰爭而成為**重裝步兵**、四處奔波的農民早已精疲力盡，農地也因此荒廢。貴族收購這些荒廢農地後，將被征服民當成奴隸使喚，開始經營**大規模農莊**，也使得貴族和平民之間的貧富差距越來越大。

政治家為了安撫平民的不滿，便採用了**愚民政策**——略施小惠，提供平民「**麵包**」（糧食）和「**馬戲**」（劍鬥士奴隸打鬥）的娛樂表演，卻絲毫沒有從根本進行改善。

護民官（P24）**格拉古兄弟**（兄：前162～前132年；弟：前153～前121年）深感事情不能再這樣下去，於是提議將貴族過多的私有地分配給平民。但反對這項提案的貴族暗殺了哥哥，弟弟也被迫自殺。

後來果然陸續發生平民暴動，羅馬共和進入了有「**一世紀內戰**」（前133～前27年）之稱的時代。最後，原本身為娛樂表演者的**劍鬥士奴隸斯巴達克斯**（？～前71年）**發起了大規模抗爭**。

貴族

平民

格拉古兄弟

羅馬的貧富差距變大，於是格拉古兄弟出面改革

必須解決貧富差距才行

不准幫平民說話！

格拉古兄弟遭到貴族反對而失勢

奴隸 VS 貴族

劍鬥士（奴隸）斯巴達克斯發起大規模暴動，羅馬動盪不安

社會渴望強大的領袖，於是凱撒（P28）登場

古代

26

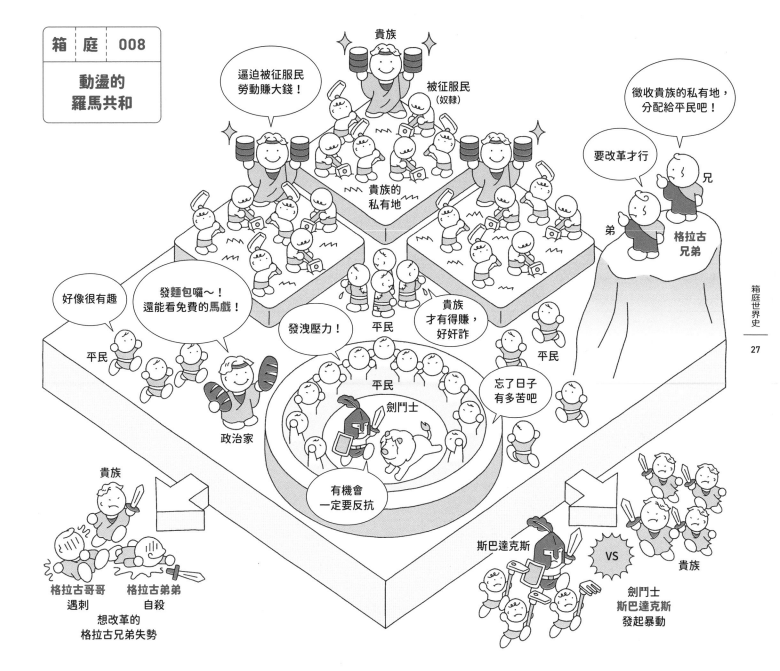

凱撒的崛起和遇刺

當凱撒越過盧比孔河

鎮壓劍鬥士奴隸**斯巴達克斯**（P26）抗爭行動的，是軍人**龐培**（前 106～前 48 年）和**克拉蘇**（前 115～前 53 年）。再加上軍人**凱撒**（前 100～前 44 年），與元老院對立的這三人，開啓了統治羅馬的**前三頭同盟**（前 60～前 53 年）。

克拉蘇在遠征東方的途中戰死；另一方面，擁有卓越軍事才華的凱撒則曾多次**遠征高盧**（前 58～前 51 年，相當於現在的法國），**屢戰屢勝**，贏得很高的聲望。

龐培因凱撒的聲望而提高戒備，並以元老院為後盾，對越過**盧比孔河**後歸國的凱撒宣戰，結果敗給了凱撒。在這之後，凱撒便無視元老院，也不承認**共和制**（P24），成為形同皇帝的獨裁者。這樣的凱撒開始處處惹人厭，最後被共和派政治家**暗殺**。

之後，凱撒的養子**屋大維**（前 63～後 14 年）和凱撒的部下**安東尼**（前 83～前 30 年）、**雷必達**（約前 90～前 13 年）共組**後三頭同盟**（前 43 年）。

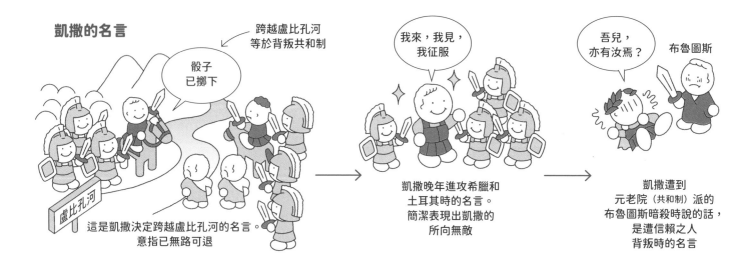

凱撒的名言

跨越盧比孔河等於背叛共和制

骰子已擲下

這是凱撒決定跨越盧比孔河的名言。意指已無路可退

盧比孔河

我來，我見，我征服

凱撒晚年進攻希臘和土耳其時的名言。簡潔表現出凱撒的所向無敵

吾兒，亦有汝焉？

布魯圖斯

凱撒遭到元老院（共和制）派的布魯圖斯暗殺時說的話，是遭信賴之人背叛時的名言

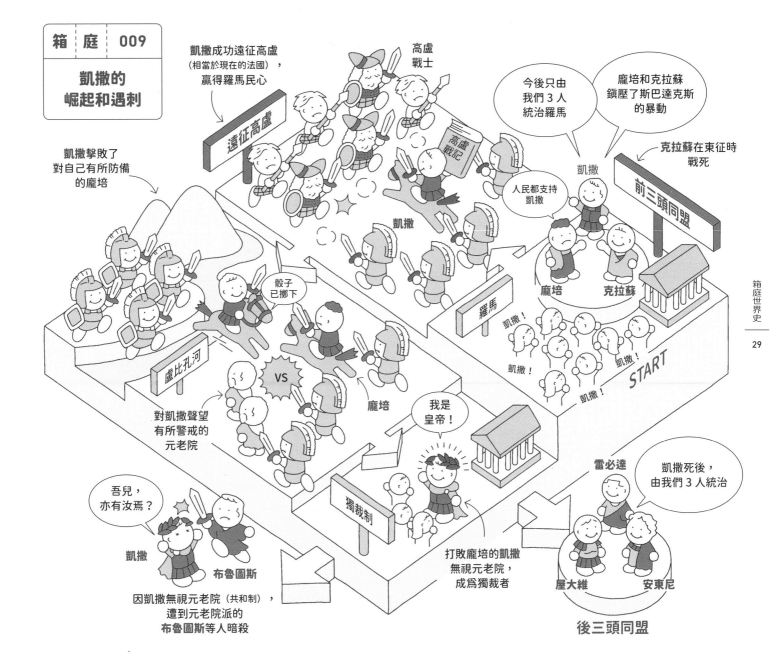

羅馬帝國的建立

羅馬治世

屋大維、安東尼、雷必達三人雖然成立了**後三頭同盟**（P28），但不久後，三人就開始爭奪主導權。

雷必達先是在與屋大維的派系鬥爭中失勢。接著，安東尼與**埃及**（P23）托勒密王朝的女王**克麗奧佩拉七世**（前51～前30年在位）聯手對抗屋大維，同樣以失敗收場。大獲全勝並取得埃及領土的屋大維，獲羅馬元老院賜封具有「皇帝」含義的**奧古斯都**（意指神聖、至尊，前27～後14年在位）稱號。不過奧古斯都記取了凱撒失勢的教訓，並沒有自立為「皇帝」，而是自稱為（羅馬的）「第一公民」。

於是，**羅馬共和**（P24）就此終結，擁有元首制的羅馬帝國接著誕生。政局穩定的羅馬帝國陸續增加了**行省**，並進入為期大約二〇〇年的全盛時期 —— **羅馬治世**（Pax Romana）。

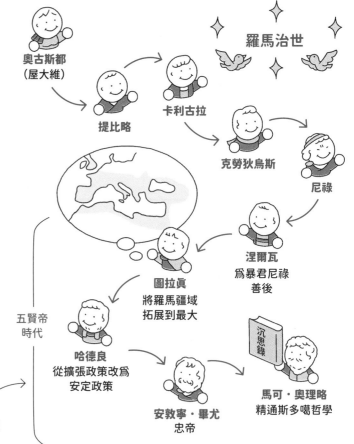

羅馬治世

奧古斯都
（屋大維）

提比略

卡利古拉

克勞狄烏斯

尼祿

涅爾瓦
為暴君尼祿
善後

圖拉眞
將羅馬疆域
拓展到最大

五賢帝
時代

哈德良
從擴張政策改爲
安定政策

安敦寧・畢尤
忠帝

馬可・奧理略
精通斯多噶哲學

沉思錄

從奧古斯都到
馬可・奧理略這大約 200 年的時間
是羅馬的全盛時期

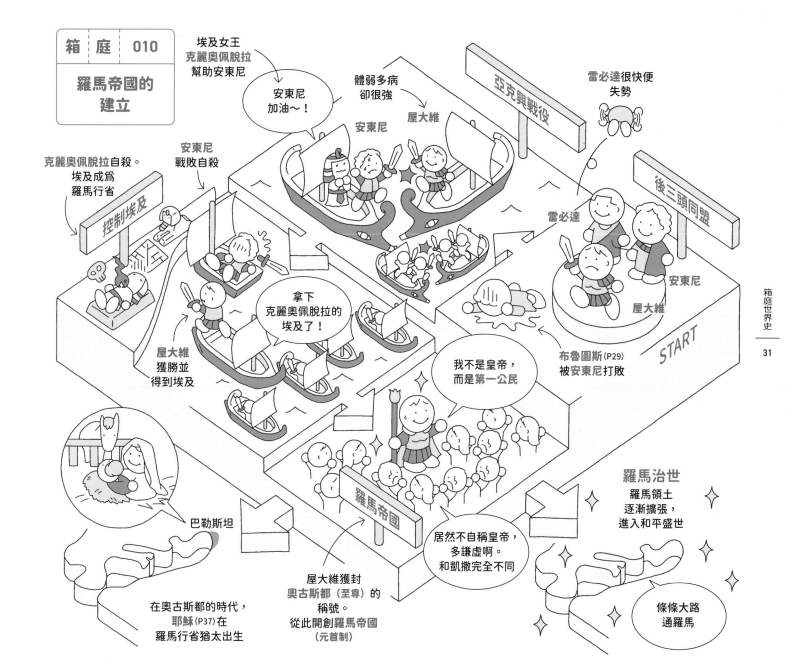

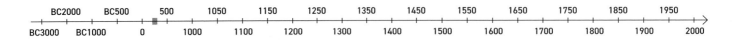

政局穩定的**羅馬帝國**不斷增加**行省**（海外領土），進入持續約二○○年、有**羅馬治世**（P30）之稱的全盛時期。然而，等到各**行省**逐漸繁榮發展後，卻開始威脅到首都羅馬的地位。

到了**三世紀**，各行省的將軍開始自立為帝、進入互相殘殺的**軍營皇帝時代**（235～284年）。除此之外，**日耳曼人**（P40）和**波斯帝國**（薩珊王朝）也不時進犯。由於羅馬帝國的國境太長，使得統治難以貫徹全境，結果造成三世紀**危機**。

因此，於三世紀末登基的皇帝**戴克里先**（284～305年在位）便自命為**主**、要求人民加以崇拜，企圖以強權者的姿態統治帝國。

此後，羅馬帝國便從尊重共和制傳統的**元首制**（P30）變成**君主制**。

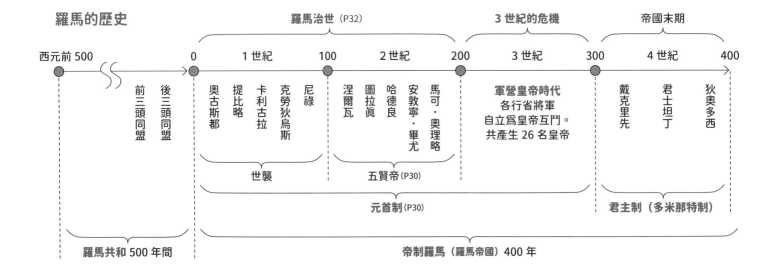

羅馬的歷史

| | 羅馬治世（P32） | | 3世紀的危機 | 帝國末期 |

西元前500 ── 0 ── 1世紀 ── 100 ── 2世紀 ── 200 ── 3世紀 ── 300 ── 4世紀 ── 400

前三頭同盟　後三頭同盟

奧古斯都　提比略　卡利古拉　克勞狄烏斯　尼祿　涅爾瓦　圖拉眞　哈德良　安敦寧・畢尤　馬可・奧理略

軍營皇帝時代　各行省將軍自立爲皇帝互鬥。共產生26名皇帝

戴克里先　君士坦丁　狄奧多西

世襲　　　五賢帝（P30）

元首制（P30）　　　　　　君主制（多米那特制）

羅馬共和500年間　　　　帝制羅馬（羅馬帝國）400年

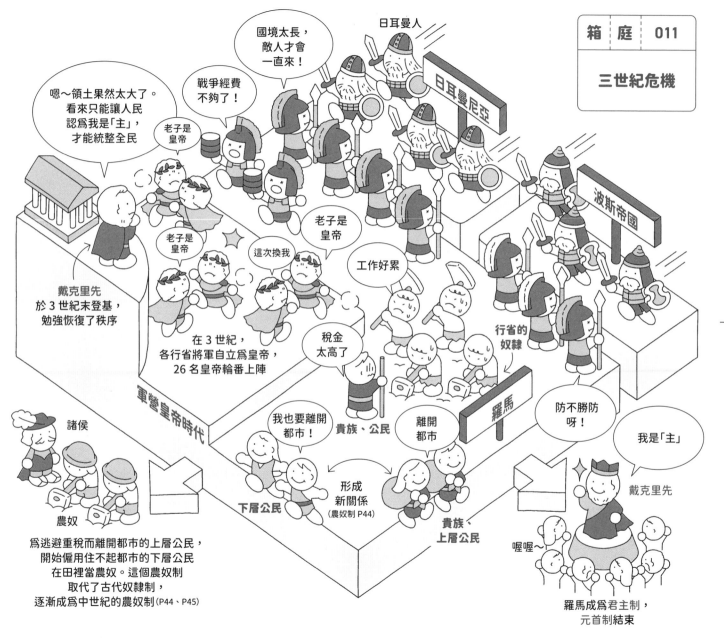

　　戴克里先（P32）開始自命為**主**、統治幅員廣大的羅馬帝國。但此時，**基督教**（P36）已深入背負重稅的市民心中，這使得信徒對戴克里先的聲明十分反感，因為在基督教心目中，**主**並不是戴克里先。

　　戴克里先因此鎮壓了反抗的基督徒。但是到了**君士坦丁**（306～337 年在位）的時代，基督教已經普及到不可能徹底鎮壓的程度。因此，君士坦丁頒布了《米蘭敕令》（313 年），**承認**基督教的合法性。

　　與此同時，各行省的抗爭和蠻族入侵越來越頻繁。君士坦丁於是決定重整旗鼓，將首都從羅馬遷至古城**拜占庭**，並將拜占庭改稱為與自己同名的君士坦丁堡，試圖繼續維護**君主專制**（P32）。

　　到了**狄奧多西**（379～395 年在位）的時代，**日耳曼人**（P40）開始正式入侵羅馬帝國，遼闊的領土再也無法維持統一。因此，狄奧多西於三九五年將帝國**分割**為西羅馬帝國與東羅馬帝國（拜占庭帝國），分別託付給兩個兒子。同時，為了從宗教上（思想上）統一羅馬帝國，他將基督教定為**國教**（392 年）。

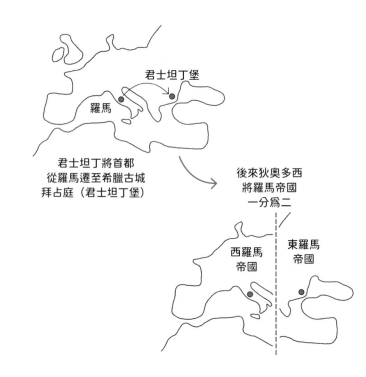

君士坦丁堡

羅馬

君士坦丁將首都
從羅馬遷至希臘古城
拜占庭（君士坦丁堡）

後來狄奧多西
將羅馬帝國
一分為二

西羅馬
帝國

東羅馬
帝國

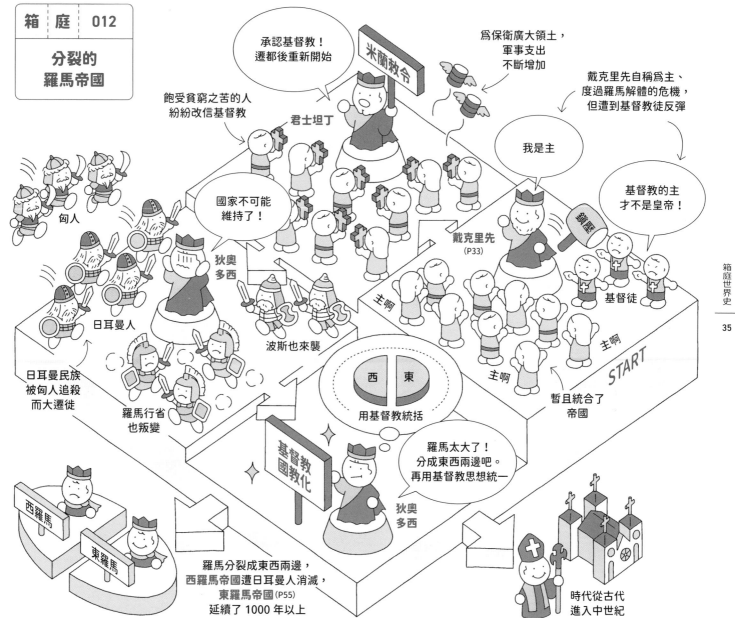

基督教的誕生

耶穌的教誨逐漸深入人心

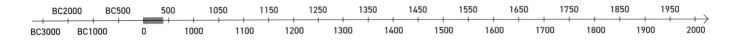

時代稍微往前回推一下，回到**奧古斯都**（P30）所開啓的羅馬帝國全盛時期。當時**耶穌**（約前4～約後30年）出生於羅馬帝國的**猶太行省**（巴勒斯坦地區）。

巴勒斯坦的人民稱為**猶太人**，信仰**猶太教**，而猶太教的主流是注重理解律法（神的教誨和勸誡）的**法利賽派**。但**耶穌**的做法不同於法利賽派，他以對神的愛與信仰傳播教義。

耶穌能引發奇蹟、治癒病人，其言行吸引了平民和奴隸。但羅馬政府和法利賽派卻認為耶穌是危險人物，便將他釘死在十字架上。

在這之後，耶穌的使徒**彼得**（約7～64年）和保羅（7～60年）等人儘管受到羅馬政府迫害，卻依然將成神的**耶穌教誨**（基督教）傳播到羅馬帝國全境。等到連貴族等上流階級也接受之後，基督教終於在四世紀末成為**國教**（基督教國教化，P34）。

後來，羅馬帝國分裂成東、西兩部分（P34），基督教也分成了**西羅馬**的**天主教會**和**東羅馬**的**希臘正教會**，逐漸傳遍地中海世界。

古代

36

耶穌的教誨

不要以牙還牙、以眼還眼。若有人打你的右臉，就連左臉也讓他打

好牧人如果遺失了1隻羊，就算留下那99隻，也會去找那隻迷途之羊

耶穌的教誨由使徒彼得和保羅等人散播到全羅馬

人活著不是單靠麵包（金錢、糧食）

耶穌在安息日也會照顧病人（批判法利賽派的形式主義）

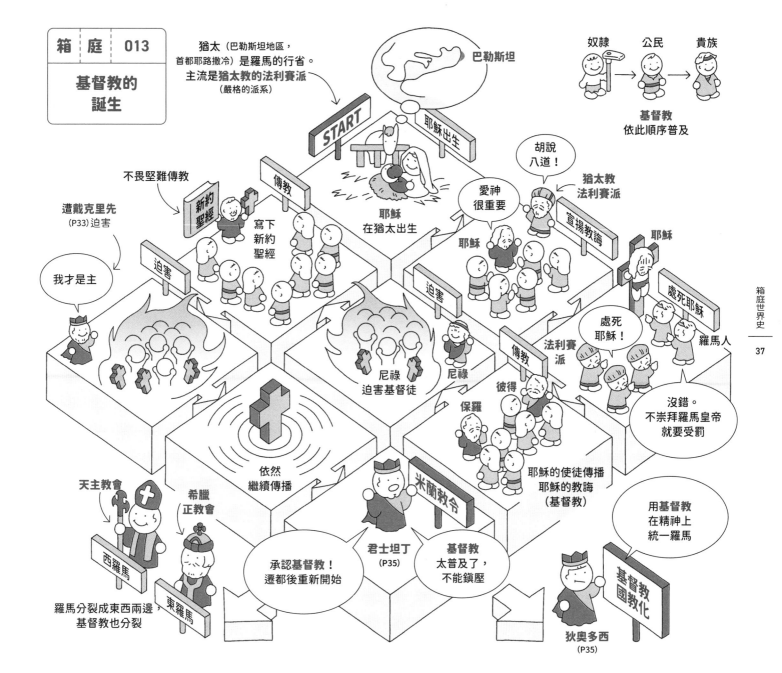

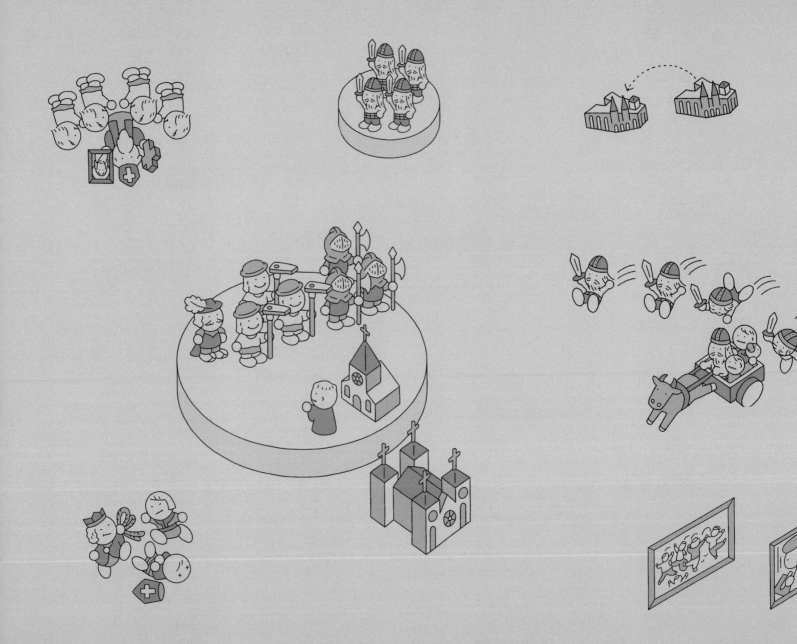

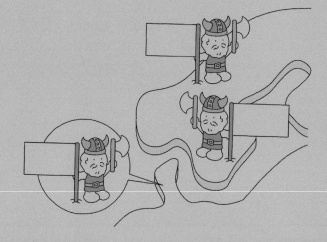

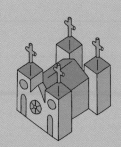

Part 2 中 世

（476 年〜 15 世紀末）

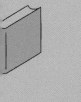

羅馬的全盛時期隨著皇帝**馬可‧奧理略**的死去（P30）而終結。之後的羅馬帝國進入混亂期，也就是短期內有多名皇帝輪替的**軍營皇帝時代**（P32）。到了四世紀中葉，日耳曼人（P34）開始正式入侵羅馬。

日耳曼人原本居住在**日耳曼尼亞**，相當於現在的德國、波蘭、捷克、斯洛伐克、丹麥一帶，但亞洲遊牧民族匈人迫近至日耳曼人的居住地，導致了民族大遷徙。日耳曼人大肆奪占歐洲土地，陸續建立了**法蘭克王國**（486年～，P44）、**西哥德王國**（418～711年）、**東哥德王國**（493～555年）**汪達爾—阿蘭王國**（429～534年）**勃艮地王國**（443～543年）**盎格魯—撒克遜七國**（449～829年）**倫巴底王國**（568～774年）等國家。以**拉丁人**為主的羅馬帝國因無力抵抗而逐漸衰退，**分裂**成東西兩部（P34）。

在東西分裂約八〇年後的四七六年，**西羅馬帝國**儘管遭日耳曼傭兵隊長**奧多亞塞**（約434～493年）消滅（476年，東羅馬帝國仍延續），但**天主教會**（P36）並沒有從此消失。以此事件為分界點，世界開始進入**中世紀時代**。

中世

40

日耳曼人建立的國家

盎格魯撒克遜七國
（由日耳曼人的分支
盎格魯撒克遜人建立）

日耳曼人

萊茵河

多瑙河

法蘭克王國

勃艮地王國

倫巴底王國

西哥德王國

東哥德王國

天主教會
延續

汪達爾—阿蘭王國

西羅馬帝國遭到
日耳曼傭兵隊長
奧多亞塞消滅。
後來奧多亞塞
被東哥德人
狄奧多里克打敗

日耳曼人的王國大多未能延續。
唯獨法蘭克王國(P42)
發展成為西歐地區的核心

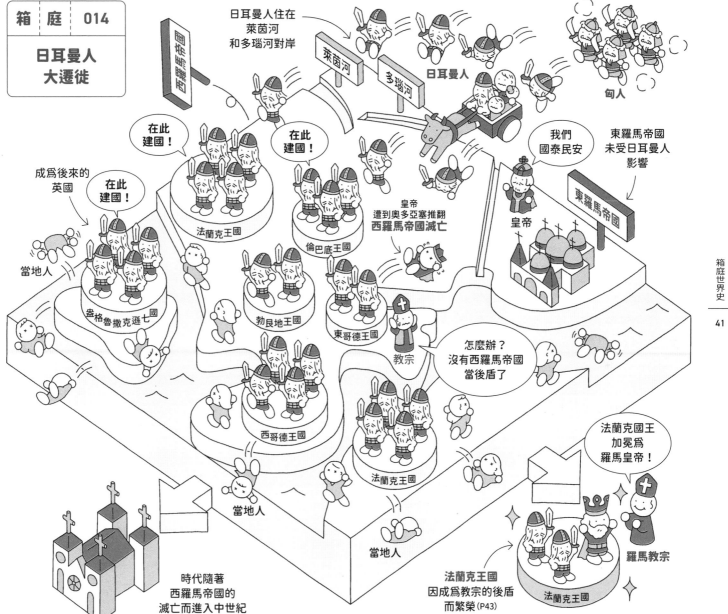

西羅馬帝國

日耳曼人住在
萊茵河
和多瑙河對岸

萊茵河

多瑙河

日耳曼人

匈人

東羅馬帝國
未受日耳曼人
影響

在此
建國！

在此
建國！

我們
國泰民安

成爲後來的
英國

在此
建國！

法蘭克王國

皇帝
遭到奧多亞塞推翻
西羅馬帝國滅亡

皇帝

東羅馬帝國

當地人

倫巴底王國

盎格魯撒克遜七國

勃艮地王國

東哥德王國

教宗

怎麼辦？
沒有西羅馬帝國
當後盾了

西哥德王國

法蘭克王國

法蘭克國王
加冕爲
羅馬皇帝！

當地人

當地人

時代隨著
西羅馬帝國的
滅亡而進入中世紀

法蘭克王國
因成爲教宗的後盾
而繁榮(P43)

羅馬教宗

法蘭克王國

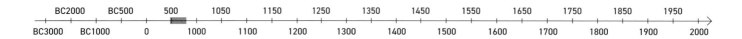

　　日耳曼人（P40）在歐洲建立了許多國家，其中發展最繁榮的是**法蘭克王國**。

　　大多數日耳曼人信仰的是被視為異端的基督教亞流教派，但**法蘭克國王克洛維一世**（481～511年在位）親自改宗亞他拿修教派，成功贏得當地信仰亞他拿修教派的羅馬人（拉丁人）信任，得以壯大王國。

　　在克洛維一世之後，掌握法蘭克王國實權的**查理·馬特**（約688～741年）在**圖爾戰役**（732年）擊敗來自東方的伊斯蘭勢力，保衛了基督教世界。

　　當時的**天主教會**正因**西羅馬帝國**滅亡（P40）失去了後盾。**羅馬教宗**眼見查理·馬特的勇猛，便將查理·馬特的兒子**丕平**（751～768年在位）封為「**羅馬教宗認可的國王**」，選擇法蘭克王國做為自己的後盾。

　　獲得教宗認可的法蘭克王國勢力更加銳不可當。丕平之子**查理大帝**（768～814年在位）統一了相當於現在法國、義大利和德國的廣大領土；教宗還用已滅亡的西羅馬帝國皇冠為查理大帝**加冕**，讓「西羅馬帝國」在事實上復活為法蘭克王國。

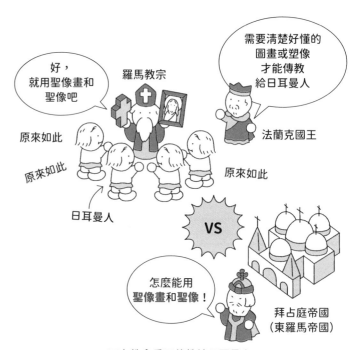

天主教會爲了傳教給日耳曼人，
開放使用原本禁止的聖像畫和聖像。
東羅馬帝國的希臘正教會（P36）對此嚴加批判

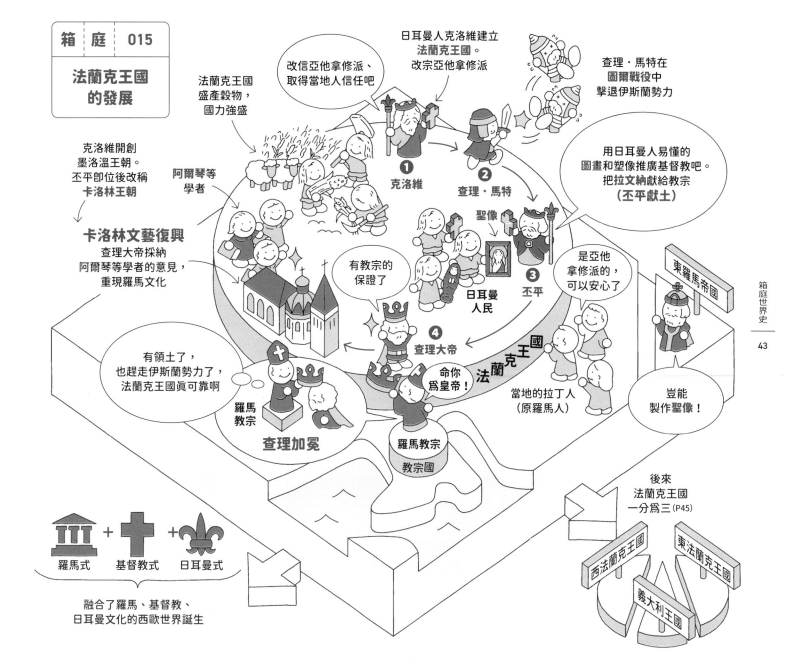

中世紀世界的建立

法蘭克王國的分裂

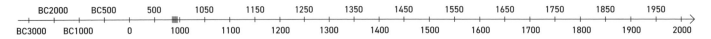

查理大帝（P42）死後，三名孫子爭奪**法蘭克王國**的繼承權，王國於是分裂成**東法蘭克王國**（843～911年）、**西法蘭克王國**（843～987年）和**義大利王國**（843～855年），是現在德國、法國與義大利的雛型。

這時，原本以法蘭克王國為靠山的羅馬教宗必須從這三個國家當中選出新的靠山，於是他選擇了擊退從東方來襲的異族、看起來最強大的**東法蘭克王國**，並將「羅馬皇帝」的頭銜加冕於東法蘭克王國的鄂圖**一世**（936～973年在位）。在這之後，**東法蘭克王國**便開始稱為**神聖羅馬帝國**（962～1806年）。

後來，**西法蘭克王國**在**卡佩家族**（P60）成員即位為國王後，成為法蘭西王國，一直延續至今。

義大利王國在幾度遭到神聖羅馬帝國和伊斯蘭勢力攻擊後，分裂成熱那亞、威尼斯等許多小國，直到近代才終於統一。

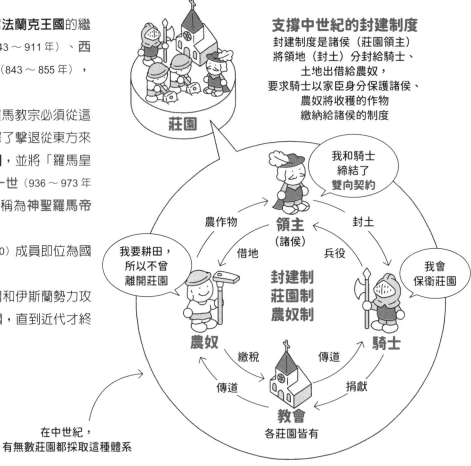

支撐中世紀的封建制度
封建制度是諸侯（莊園領主）
將領地（封土）分封給騎士、
土地出借給農奴，
要求騎士以家臣身分保護諸侯、
農奴將收穫的作物
繳納給諸侯的制度

莊園

我和騎士
締結了
雙向契約

農作物

領主
（諸侯）

封土

我要耕田，
所以不會
離開莊園

借地

兵役

我會
保衛莊園

封建制
莊園制
農奴制

農奴

繳稅

傳道

騎士

傳道

捐獻

教會
各莊園皆有

在中世紀，
有無數莊園都採取這種體系

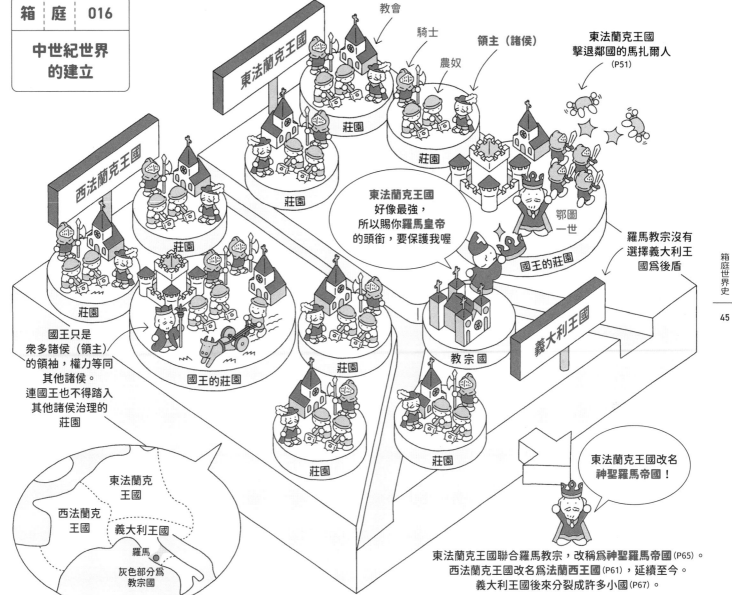

教會

騎士

領主（諸侯）

農奴

東法蘭克王國
擊退鄰國的馬扎爾人
(P51)

東法蘭克王國

莊園

西法蘭克王國

莊園

莊園

莊園

東法蘭克王國
好像最強，
所以賜你羅馬皇帝
的頭銜，要保護我喔

鄂圖
一世

國王的莊園

羅馬教宗沒有
選擇義大利王
國為後盾

莊園

莊園

國王只是
眾多諸侯（領主）
的領袖，權力等同
其他諸侯。
連國王也不得踏入
其他諸侯治理的
莊園

國王的莊園

莊園

教宗國

義大利王國

莊園

莊園

東法蘭克王國改名
神聖羅馬帝國！

東法蘭克
王國

西法蘭克
王國

義大利王國

羅馬

灰色部分為
教宗國

東法蘭克王國聯合羅馬教宗，改稱為神聖羅馬帝國(P65)。
西法蘭克王國改名為法蘭西王國(P61)，延續至今。
義大利王國後來分裂成許多小國(P67)。

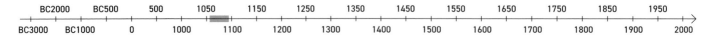

在**亨利四世**（1056～1106年在位）擔任**神聖羅馬帝國**（P44）**皇帝**的時代，主教等**神職人員的敘任權**（任命權）基本上掌握在神聖羅馬帝國皇帝手中。只要獲選為神職人員，就能過著榮華富貴的生活，賄賂皇帝之情事也因此層出不窮。

為了遏止這股歪風，**羅馬教宗**便宣布「神職人員的敘任權由教宗負責，而非皇帝」，但皇帝卻表示反對，於是發生了皇帝與教宗之間的**敘任權之爭**。

最後，羅馬教宗**額我略七世**（1073～1085年在位）對皇帝亨利四世處以**絕罰**（意指開除教籍，且得不到救贖）。皇帝大為震驚，在大風雪裡赤腳待在**卡諾莎城堡**門前懇求教宗寬恕。

這起事件稱為**卡諾莎之行**（1077年），展現出羅馬教宗的影響力遠遠凌駕於國王和皇帝。這是由於天主教會在西歐各地徵收**稅金**（什一稅）和捐款，因此勢力非常龐大。

羅馬教宗趁此機會，以解放遭到穆斯林攻擊而身陷危機的**拜占庭帝國**（P52）為由，決定發起**十字軍**（P54）。

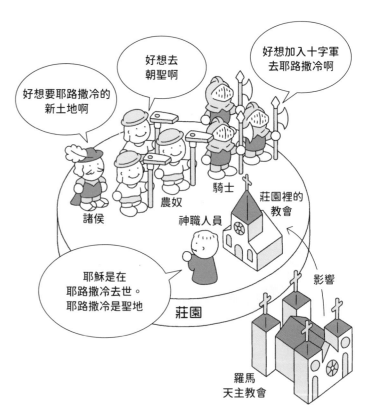

受莊園內神職人員教導的人們
都十分嚮往耶路撒冷。
因此很多人志願加入十字軍(P54)

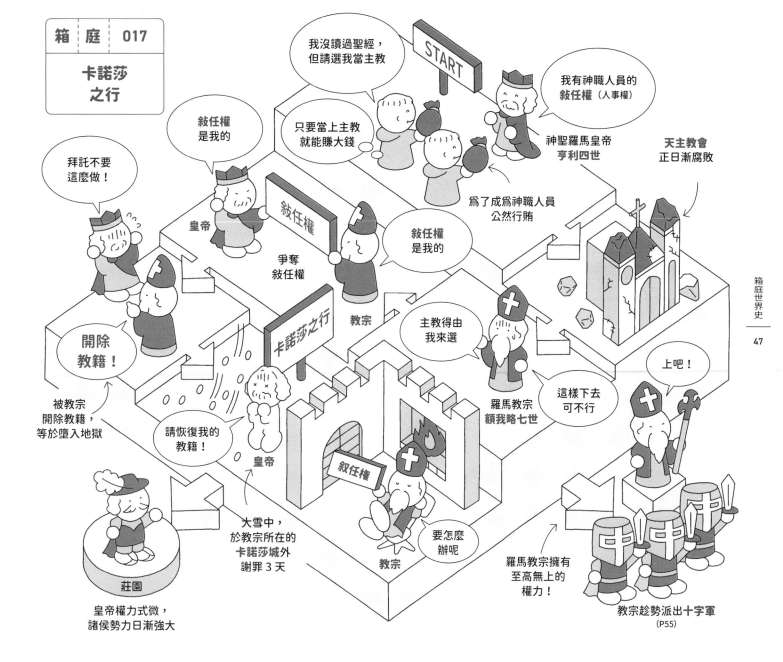

(P55)

諾曼人大遷徙

來自北方的維京人

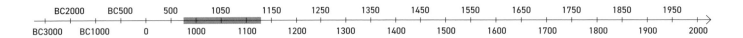

　　在**日耳曼人**（P40）大遷徙後不久，又發生了民族大遷徙——這次是來自北歐日德蘭半島和斯堪地那維亞半島的**諾曼人**）（維京人的一支），為了尋求容身之處而遷徙。

　　諾曼人陸續建立自己國家的過程是這樣的：首先，**羅洛**（約 860～933 年）與他的跟隨者，在**西法蘭克王國**（P44）北側建立了**諾曼第公國**。而從這裡分支出去的另一派，則在義大利半島南部建立了**兩西西里王國**（即諾曼西西里王國，1130～1860 年）。

　　一〇六六年，身為羅洛第五代後裔的**諾曼第公爵威廉**（約 1027～1087 年）登陸**英格蘭**，以**威廉一世**之名即位（1066～1087 年在位），開創了**諾曼第王朝**（1066～1154 年）。後來此事稱之為「**諾曼征服英格蘭**」，而威廉一世就是現在的英國王室開基始祖。

　　另一方面，進入聶伯河流域的諾曼人，逐漸與定居當地的**斯拉夫人**融合，在九世紀時建立了**諾夫哥羅德大公國**，接著又催生出**基輔大公國**（9～13 世紀）。而後來脫離基輔大公國並獨立建國的，就是現在俄羅斯的起源**莫斯科大公國**（P50）。

　　後來，諾曼人又以**丹麥王國**為中心，建立了**挪威王國**和**瑞典王國**，這才結束了大遷徙。

由諾曼人建立的北歐各國

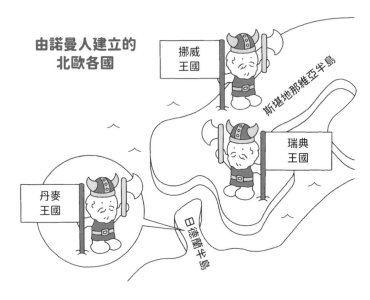

諾曼人在定居的
日德蘭半島建立了丹麥王國，
在斯堪地那維亞半島
建立了挪威王國和瑞典王國

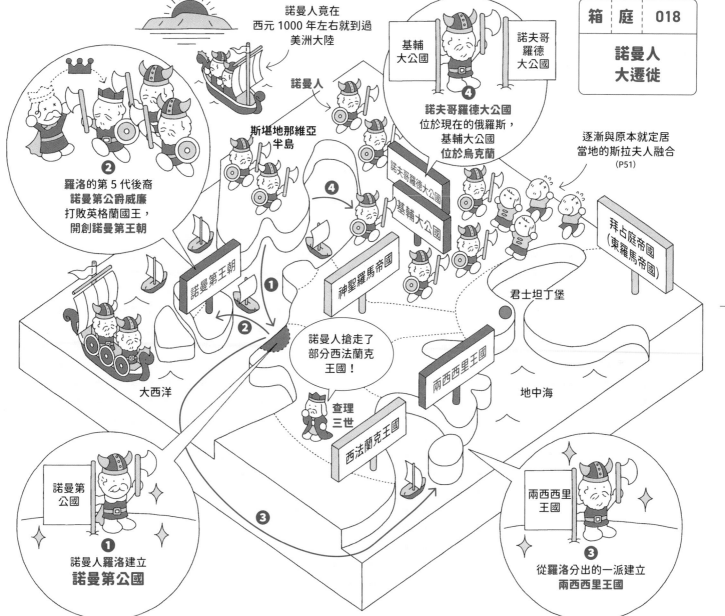

諾曼人竟在
西元 1000 年左右就到過
美洲大陸

諾曼人

斯堪地那維亞
半島

2
羅洛的第 5 代後裔
諾曼第公爵威廉
打敗英格蘭國王，
開創諾曼第王朝

諾曼第王朝

4
諾夫哥羅德大公國
位於現在的俄羅斯，
基輔大公國
位於烏克蘭

逐漸與原本就定居
當地的斯拉夫人融合
(P51)

諾夫哥羅德大公國

基輔大公國

神聖羅馬帝國

拜占庭帝國
(東羅馬帝國)

君士坦丁堡

大西洋

諾曼人搶走了
部分西法蘭克
王國！

查理
三世

兩西西里王國

地中海

西法蘭克王國

1
諾曼第
公國

1
諾曼人羅洛建立
諾曼第公國

3

3
兩西西里
王國

從羅洛分出的一派建立
兩西西里王國

巴爾幹半島西北部有著壯闊的喀爾巴阡山脈，喀爾巴阡山脈西側有**波蘭人**、**捷克人**、**斯洛伐克人**；東側有**俄羅斯人**；南側則有**斯洛維尼亞人**、**克羅埃西亞人**和**塞爾維亞人**，各自建立起獨立的文化圈。他們和來自東歐、遍布巴爾幹半島的斯拉夫人雖然系出同源，但彼此都建立了不同的國家。

最早在七世紀時建設這個地區的，是**保加利亞人**所建立的保加利亞王國。保加利亞人雖是突厥裔（非斯拉夫裔），但進入巴爾幹半島後，便成為了斯拉夫民族的一分子。十二世紀時，則有**塞爾維亞人**建立了塞爾維亞王國。這些國家信奉的都是**希臘正教**（P36），與**拜占庭帝國**（P52）關係密切。

十世紀時，**捷克人**建立了**波希米亞**（捷克）**王國**，波蘭人則建立了**波蘭王國**。這些國家信奉的是**天主教**（P36）。

此外，九世紀時，**諾曼人**（P48）逐漸與**東斯拉夫人**融合，建立了位於現在俄羅斯的**諾夫哥羅德大公國**，接著又建立了**基輔大公國**。這些原本信奉**希臘正教**的國家，在十三世紀到十五世紀期間受到宗教與習俗都完全不同的蒙古人統治，因此後來便稱這段由蒙古人統治的時期為「韃靼的桎梏」。

十五世紀時，成功擺脫蒙古人統治、恢復獨立的，是由伊凡三世（1462～1505年在位）統領、以商業城市莫斯科為中心的莫斯科大公國。伊凡三世自詡為**拜占庭帝國**的繼承人，宣稱莫斯科是「**第三羅馬**」。

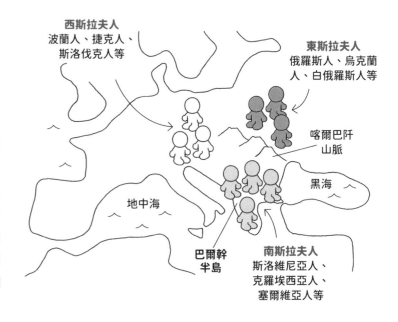

西斯拉夫人
波蘭人、捷克人、斯洛伐克人等

東斯拉夫人
俄羅斯人、烏克蘭人、白俄羅斯人等

喀爾巴阡山脈

黑海

地中海

巴爾幹半島

南斯拉夫人
斯洛維尼亞人、克羅埃西亞人、塞爾維亞人等

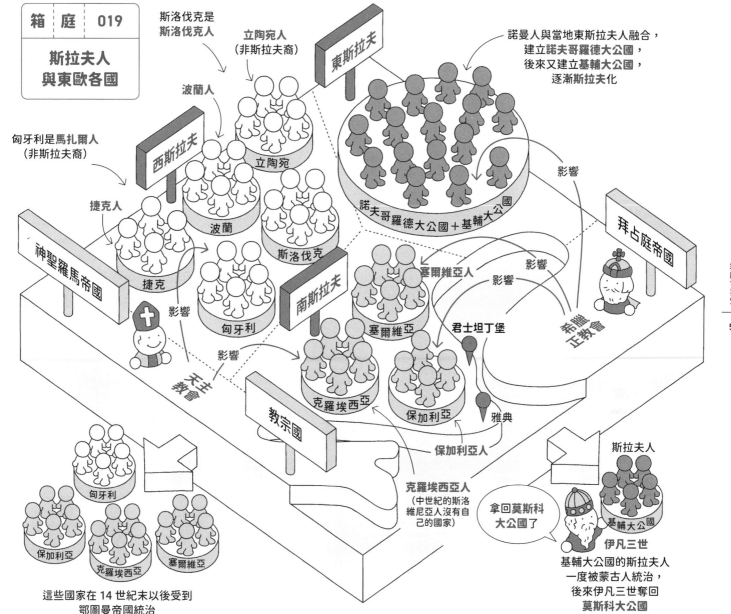

自皇帝**狄奧多西**以後，羅馬帝國分裂為信仰**天主教**的**西羅馬帝國**，與信仰希臘正教的**東羅馬帝國**（P34）。

西羅馬帝國後來遭日耳曼人消滅，變成**法蘭克王國**（P42）；**東羅馬帝國**則是足足延續了超過**一千年**。

東羅馬帝國首都位於希臘古城**拜占庭**（君士坦丁堡，P34），所以又稱為**拜占庭帝國**（395～1453年）。拜占庭帝國之所以能延續一千年，除了地理上未曾遭到日耳曼人入侵之外，也善用位處亞洲和歐洲中心的地利之便、發展成為貿易都市。此外，拜占庭皇帝同時身兼希臘正教的教宗，所以政權穩定也是一大主因。**查士丁尼大帝**在位（527～565年）的時代，拜占庭帝國還曾征服北非的汪達爾─阿蘭王國（P40）和義大利半島的東哥德王國（P40），成功統治了地中海一帶。

但在這之後，拜占庭帝國在與**塞爾柱王朝**（突厥裔的穆斯林王朝）的戰爭中大敗，天主教會派遣的**十字軍**（P54）奮戰終成徒勞，帝國最後遭到**鄂圖曼帝國**消滅。

幸好，拜占庭帝國末代皇帝的姪女，和北方**莫斯科大公國**（俄羅斯帝國前身）的**伊凡三世**（P50）結婚，使得拜占庭帝國的文化和**希臘正教**得以由**俄羅斯繼承**（P102）。

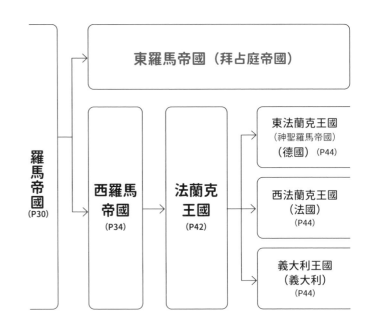

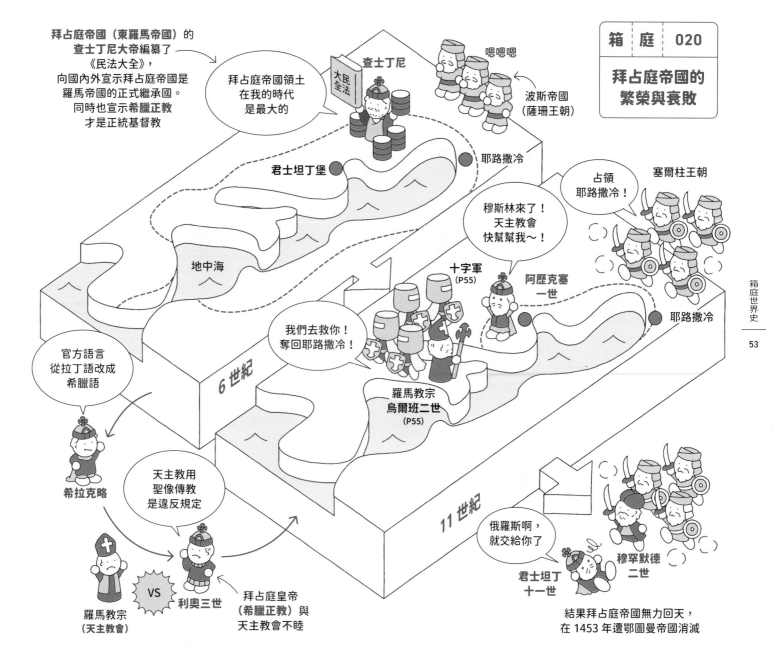

拜占庭帝國（東羅馬帝國）的
查士丁尼大帝編纂了
《民法大全》，
向國內外宣示拜占庭帝國是
羅馬帝國的正式繼承國。
同時也宣示希臘正教
才是正統基督教

拜占庭帝國領土
在我的時代
是最大的

嗯嗯嗯

波斯帝國
（薩珊王朝）

查士丁尼

大民法全

君士坦丁堡

耶路撒冷

塞爾柱王朝

占領
耶路撒冷！

穆斯林來了！
天主教會
快幫幫我～！

十字軍
(P55)

**阿歷克塞
一世**

地中海

耶路撒冷

我們去救你！
奪回耶路撒冷！

官方語言
從拉丁語改成
希臘語

**羅馬教宗
烏爾班二世**
(P55)

希拉克略

6 世紀

天主教用
聖像傳教
是違反規定

11 世紀

俄羅斯啊，
就交給你了

**君士坦丁
十一世**

**穆罕默德
二世**

**羅馬教宗
（天主教會）**

VS

利奧三世

拜占庭皇帝
（希臘正教）與
天主教會不睦

結果拜占庭帝國無力回天，
在 1453 年遭鄂圖曼帝國消滅

021

十字軍東征①

以聖地爲目標的十字軍

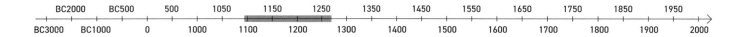

最能代表中世紀的大事，非**十字軍東征**（1096～1270年）莫屬。

過去**天主教會**在向日耳曼人傳播基督教時，使用了原本遭到禁止的**聖像**（P42）。**東羅馬帝國**知道此事後，不僅大肆抨擊，更主張自己所信仰的**希臘正教**才是保護傳統的正統基督教。從此，雖然同屬基督教，但西方的天主教與東方的希臘正教卻始終水火不容。

十一世紀時，以**伊斯蘭教**爲國教的的突厥裔**塞爾柱王朝**占領了東羅馬帝國的聖地——**耶路撒冷**，這是因爲對伊斯蘭教來說，耶路撒冷同樣也是聖地。東羅馬皇帝迫不得已，只好向當時勢力正盛的天主教教宗烏爾班二世（1088～1099 年在位）求援。烏爾班二世接到消息後，便在一〇九五年的**克萊芒會議**上發表演說，號召眾人組成**十字軍**前往耶路撒冷。

神聖羅馬帝國、法國、英國等國都曾派兵加入十字軍。爲了奪回聖地耶路撒冷，總共發起了**七次**東征。

十字軍東征		
	十字軍	伊斯蘭軍隊
第 1 次東征	勝	負
第 2 次東征	負	勝
第 3 次東征	平手 伊斯蘭英雄、塞爾柱王朝的薩拉丁大顯身手	
第 4 次東征	十字軍占領君士坦丁堡(P56)	
第 5 次東征	平手	
第 6 次東征	負	勝
第 7 次東征	負	勝

第 3 次東征時，各國知名的國王親自率領十字軍

法蘭西國王**腓力二世**（尊嚴王）

神聖羅馬帝國皇帝**腓特烈一世**（紅鬍子）

行軍中溺斃

英格蘭國王**理查一世**（獅心王）

第 6～7 次東征時，法蘭西國王**路易九世**（聖王）活躍，但十字軍仍敗退

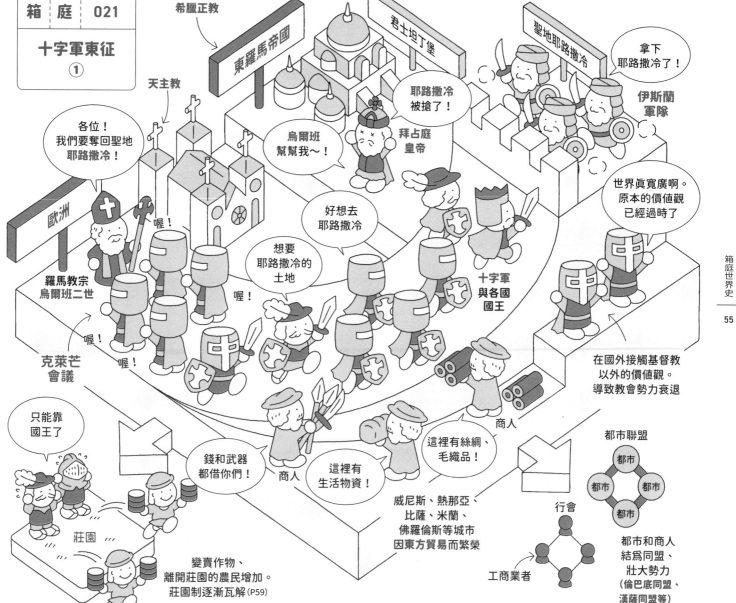

022

十字軍東征②

世俗化的十字軍

只要羅馬教宗**烏爾班二世**開口，眾多**諸侯**、**騎士**、**農民**都願意參加**十字軍**（P54）——當時天主教會的勢力就是如此龐大。集結了**神聖羅馬帝國**、**法國**、**英國**等國士兵的十字軍，總共發起了七次東征。

第一次東征大獲成功，順利奪回了聖地耶路撒冷，但**第二次**東征陷入苦戰，再次失去了聖地。**第三次**是由各國國王親自出馬的大規模遠征，但雙方未能分出勝負；而在**第四次**東征時，十字軍光明正大占領了應當獲得解救的拜占庭帝國首都**君士坦丁堡**（P54）。

隨著多次遠征，十字軍逐漸偏離了收復聖地的目的，開始在遠征地搶劫掠奪，十字軍的名聲也因此逐漸敗壞，並導致民眾不再信任羅馬教宗和天主教會的權威。

天主教會喪失權威的同時，參加東征的諸侯和騎士在經濟上也逐漸匱乏；反之，在東征時展現領袖能力的各國**國王**，勢力則是逐漸獲得強化。

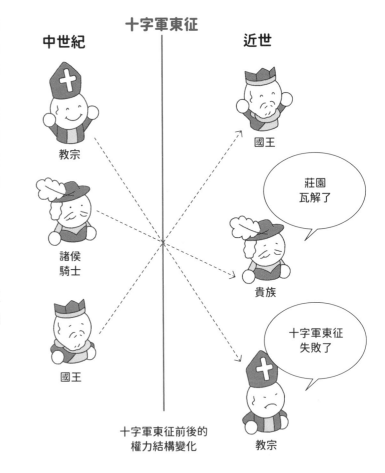

十字軍東征前後的
權力結構變化

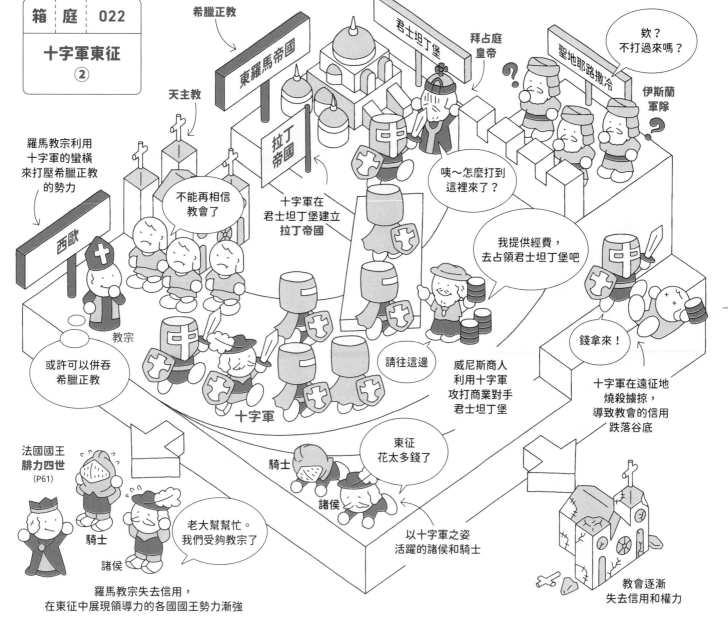

十字軍東征的影響

封建制度的瓦解和商業的發展

　　十字軍東征（P54）到後期雖然偏離了「奪回聖地耶路撒冷」的初衷，卻也因此為歐洲帶來劇變。

　　隨著十字軍運動的進展，交通日漸發達，歐洲與穆斯林商人的**東方貿易**變得熱絡，進一步促使**威尼斯**、**熱那亞**、**比薩**等獨立城市共和國興起。

　　此外，金屬製的斧頭和鐮刀開始於十二世紀時普及，耕地的使用方法也有革新，農業生產力大增。在莊園工作的農民開始互相交換產量過多的作物，商業城市便在這個過程中發展起來。例如德國的**呂北克**和**漢堡**等城市，將**都市聯盟**從北海拓展到波羅的海；英國的**倫敦**也和比利時的毛織品工業合作而變得繁榮起來。

　　這些地方的物產都在成為國際市場的法國**香檳地區**貿易，並傳播到整個歐洲。結果就是貨幣經濟得以發展，科學和神學的研究也有所推進，還成立了大學。

　　十四世紀時，由於**教會**無力因應**黑死病**（鼠疫）大流行，再加上十字軍最後還是沒能奪回耶路撒冷，使得教宗失去了權威，諸侯和騎士也隨之沒落；取而代之的是國王的勢力日漸增強。

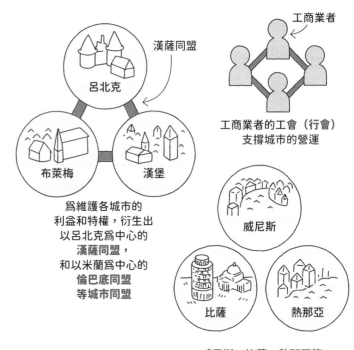

漢薩同盟

呂北克

布萊梅　漢堡

為維護各城市的利益和特權，衍生出以呂北克為中心的**漢薩同盟**，和以米蘭為中心的**倫巴底同盟**等城市同盟

工商業者

工商業者的工會（行會）支撐城市的營運

威尼斯

比薩　熱那亞

威尼斯、比薩、熱那亞等**獨立城市共和國崛起**

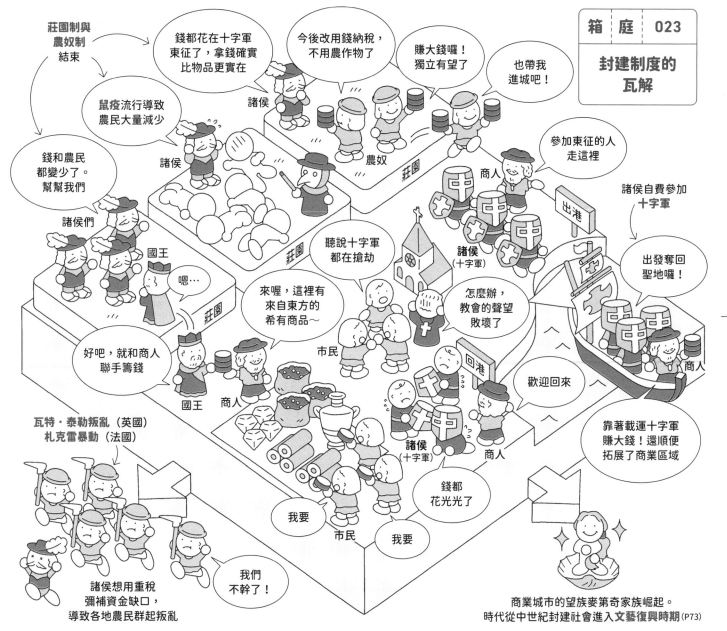

封建制度的瓦解

024

中世紀諸國①

法國

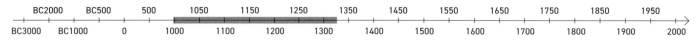

　　中世紀是以教會為中心的時代，**羅馬教宗**大權在握。但由於**十字軍運動**並不順利，導致教宗逐漸失去權威（P56），非宗教勢力開始取而代之。此一變化不例外地出現在歐洲各國。

　　首先是**法蘭西**王國。法蘭西王國是在**卡洛林王朝**（P43）血脈斷絕的九八七年，由法蘭西公爵**于格‧卡佩**（987～996年在位）即位為第一任國王後所誕生的（卡佩王朝，987～1328年）。

　　但在十二世紀中葉時，法國西半部成了英國領土（P62），後來由十三世紀的國王腓力二世（1180～1223年在位）奪回大部分領土。

　　十四世紀時，腓力二世的孫子**腓力四世**（1285～1314年在位）向教會徵稅，與羅馬教宗爆發激烈衝突。腓力四世便在一三〇二年召開了由神職人員、貴族、平民代表組成**的身分制議會**——三級會議，試圖團結全國以對抗教宗。

　　隔年，腓力四世俘虜並監禁了主張教宗權力至高無上的羅馬教宗**博義八世**（1294～1303年在位），史稱「**阿納尼事件**」。國王腓力四世藉此事件成功彰顯了王權的優越。

你們願意追隨國王嗎？

法國國王 腓力四世

願意

平民

願意

貴族

嗯…

神職人員

召開三級會議
腓力四世為鞏固王權基礎，召開神職人員、貴族、平民組成的三級會議

不必再畏懼教宗了

國王

國王的家臣

主張教宗權力至上的羅馬教宗博義八世怒不可遏

阿納尼事件
腓力四世俘虜、囚禁了反抗的教宗

我踢！

我踢！

教宗

遷移

亞維儂　　羅馬

開除你的教籍…

教宗

亞維儂教廷
之後，腓力四世把教廷（教宗駐地）遷移到法國

倒下

教宗獲釋後羞憤而死

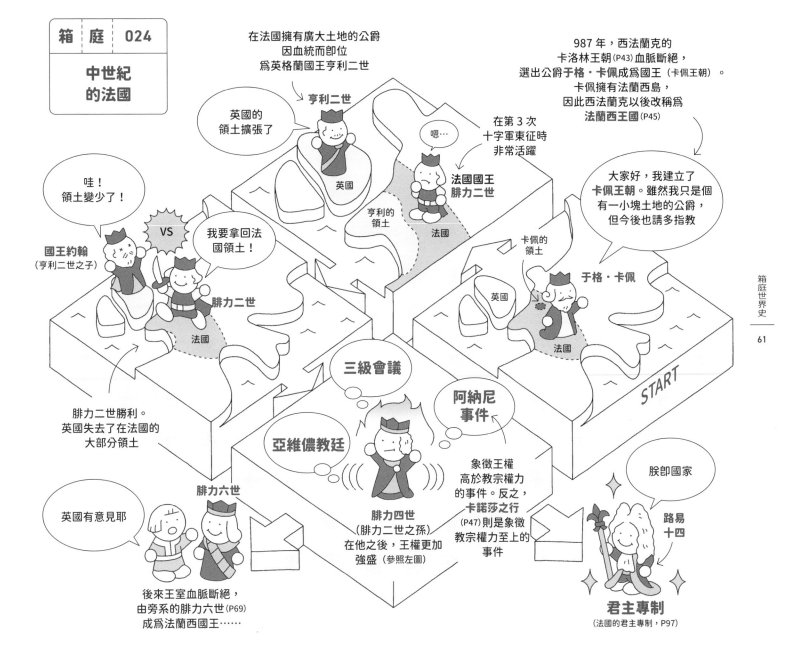

在法國擁有廣大土地的公爵
因血統而即位
爲英格蘭國王亨利二世

987年，西法蘭克的
卡洛林王朝(P43)血脈斷絕，
選出公爵于格‧卡佩成爲國王（卡佩王朝）。
卡佩擁有法蘭西島，
因此西法蘭克以後改稱爲
法蘭西王國(P45)

亨利二世

英國的
領土擴張了

嗯…

在第3次
十字軍東征時
非常活躍

法國國王
腓力二世

哇！
領土變少了！

亨利的
領土

大家好，我建立了
卡佩王朝。雖然我只是個
有一小塊土地的公爵，
但今後也請多指教

國王約翰
（亨利二世之子）

VS

我要拿回法
國領土！

卡佩的
領土

于格‧卡佩

腓力二世

英國

法國

法國

START

腓力二世勝利。
英國失去了在法國的
大部分領土

三級會議

阿納尼
事件

亞維儂教廷

腓力六世

象徵王權
高於教宗權力
的事件。反之，
卡諾莎之行
(P47)則是象徵
教宗權力至上的
事件

英國有意見耶

腓力四世
（腓力二世之孫）
在他之後，王權更加
強盛（參照左圖）

朕即國家

路易
十四

後來王室血脈斷絕，
由旁系的腓力六世(P69)
成爲法蘭西國王……

君主專制
（法國的君主專制，P97）

箱庭世界史

61

025

中世紀諸國②

英國

英國是系出法國的國家，始於一〇六六年時，**法國**（卡佩王朝）**的諾曼第公爵威廉**（威廉一世）登陸英格蘭、建立諾曼第王朝（P48）。與此同時，法國的語言文化也傳到了英格蘭。例如英語中的「**牛肉**」（beef）和「**豬肉**」（pork）就是源自於法語的「buef」（牛）和「porc」（豬）。

在諾曼第王朝血統斷絕的一一五四年，來自法國的大地主**安茹伯爵亨利**（1133～1189年）在英國開創了**金雀花王朝**，並以**亨利二世**（1154～1189年在位）之名即位。由於安茹伯爵在法國西側坐擁廣大領土，使得法國有將近一半的土地都因此成為英國的領土。

不過在這之後，與法國交戰敗北的英國**約翰國王**（1199～1216年在位）將大多數的領土還給法國（卡佩王朝）的**腓力二世**（P60）。約翰國王原本打算透過課稅來彌補戰爭的開支，不料遭到貴族強烈反彈，反倒在一二一五年被迫簽署禁止不當課稅和逮捕的《**大憲章**》；一二九五年時，還在貴族的壓力下召開名為**模範議會**的**身分制議會**。

後來，英國因領土爭議和法蘭德斯地區貿易糾紛，與法國（P68）展開了**百年戰爭**。

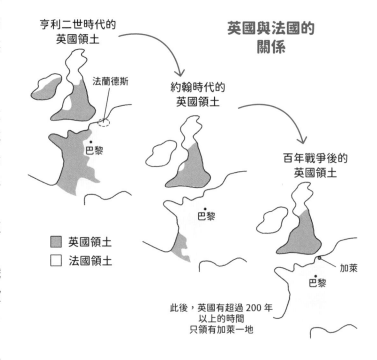

英國與法國的關係

亨利二世時代的英國領土

法蘭德斯

巴黎

約翰時代的英國領土

巴黎

百年戰爭後的英國領土

加萊

巴黎

■ 英國領土
□ 法國領土

此後，英國有超過200年以上的時間只領有加萊一地

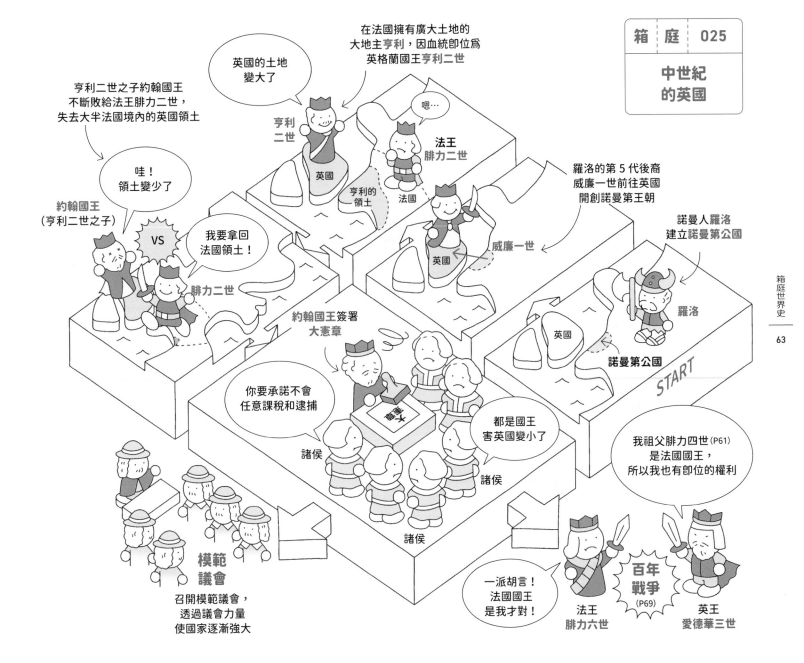

　　德國的根源正是神聖羅馬帝國（962～1806年，P44）。

　　雖然**羅馬教宗**認定神聖羅馬帝國是**羅馬帝國**的正式後繼國，但神聖羅馬帝國的領土卻未涵蓋最重要的**羅馬**。歷代神聖羅馬帝國的皇帝都很清楚這項事實，所以多次出兵義大利，企圖取得羅馬市和義大利半島（**義大利政策**）。

　　有趣的是，致力於**義大利政策**的歷代皇帝大多不在國內；在此同時，國內的**諸侯**勢力漸起，對自有領地的統治權也逐漸增強。最後，從諸侯受封的「領地」發展成諸侯擁有主權的「領邦」，最多的時候，神聖羅馬帝國境內竟有高達三〇〇個領邦。

　　由這點來看，神聖羅馬帝國已不能算是由皇帝統一治理的國家，而是由多個領邦集結而成的**聯邦國家**，就連皇帝的領地，也只能算是領邦之一而已。不同於法國，神聖羅馬帝國皇帝的權力直到近世都沒有增強。

　　結果，神聖羅馬帝國甚至進入了沒有皇帝的大空位時代（1256～1273年）。為了避免再這樣下去，神聖羅馬帝國於一三五六年頒布了《金璽詔書》，訂立了由「七位主要」——選帝侯透過選舉決定皇帝的制度。自十五世紀從哈布斯堡家族中選出皇帝後，傳統上就變成代代都由哈布斯堡家族的成員中選出皇帝（世襲）。

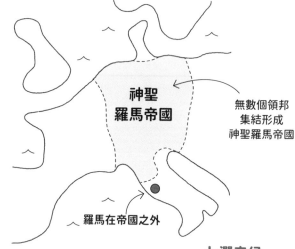

神聖羅馬帝國

無數個領邦集結形成神聖羅馬帝國

羅馬在帝國之外

七選帝侯
治理以下 7 個領邦的 7 名諸侯
有資格選出神聖羅馬皇帝：

美茵茲、科隆、特里爾、普法爾茨、薩克森、波希米亞、布蘭登堡

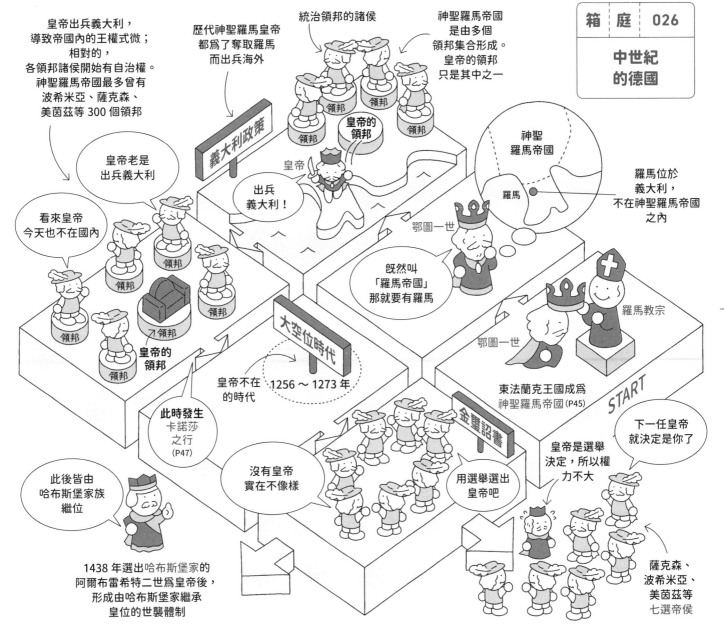

現在的西班牙與葡萄牙所在的**伊比利半島**，也曾是日耳曼國家**西哥德王國**（P40）的所在地。但伊比利半島後來遭到**伊斯蘭**的**伍麥葉王朝**入侵，受伊斯蘭勢力統治。所謂的「**收復失地運動**」（復國運動）正是為了改變這個局面，以「**收復天主教國家**」為名所發起的。

在十二世紀的收復失地運動中，誕生了天主教國家**葡萄牙王國**。到了十五世紀，則是出現了由**卡斯提亞王國**和**阿拉貢王國**統一而成的天主教國家**西班牙王國**。西班牙王國的誕生，象徵著持續將近八○○年的收復失地運動結束。

自八世紀以來，羅馬教宗所在的**義大利半島**一直都有教宗國，但這裡不時遭到**神聖羅馬皇帝**入侵，勢力日漸衰微（義大利政策，P64）。再加上**兩西西里王國**、**威尼斯共和國**、**米蘭公國**等國的興盛，讓義大利直到十九世紀之前都不曾統一。

一九三七年，位於**斯堪地那維亞半島**的北歐，以**丹麥**女王**瑪格麗特一世**（1387～1412年在位）為中心，與**挪威**、**瑞典**組成了**卡爾馬同盟**，致力於維護從北海到波羅的海的商業利益。

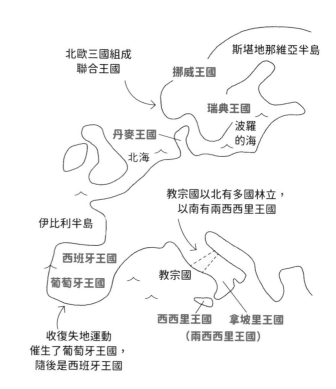

北歐三國組成聯合王國

挪威王國

斯堪地那維亞半島

瑞典王國

丹麥王國

波羅的海

北海

教宗國以北有多國林立，以南有兩西西里王國

伊比利半島

西班牙王國

葡萄牙王國

教宗國

西西里王國　拿坡里王國（兩西西里王國）

收復失地運動催生了葡萄牙王國，隨後是西班牙王國

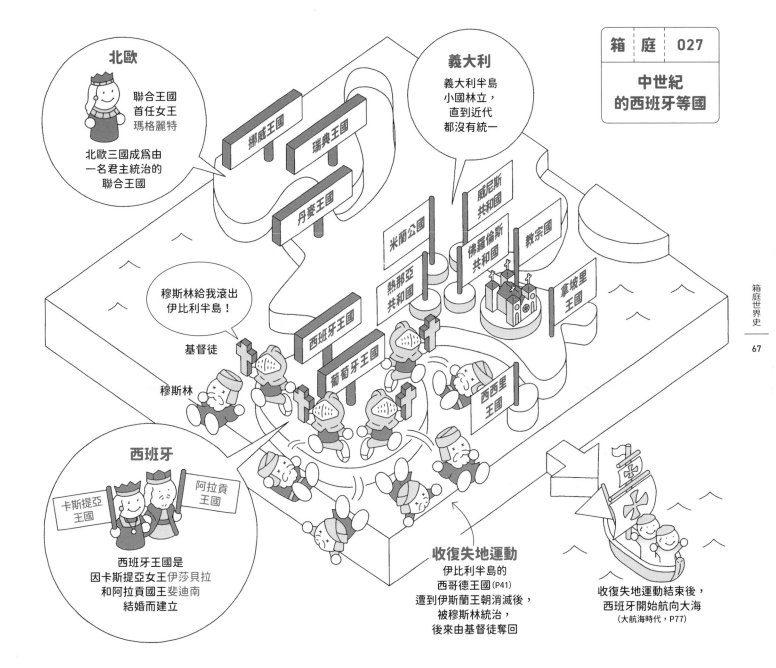

北歐

聯合王國
首任女王
瑪格麗特

北歐三國成為由
一名君主統治的
聯合王國

義大利

義大利半島
小國林立，
直到近代
都沒有統一

**中世紀
的西班牙等國**

挪威王國

瑞典王國

丹麥王國

威尼斯
共和國

米蘭公國

佛羅倫斯
共和國

教宗國

熱那亞
共和國

拿坡里
王國

穆斯林給我滾出
伊比利半島！

西班牙王國

葡萄牙王國

西西里
王國

基督徒

穆斯林

箱庭世界史

67

西班牙

卡斯提亞
王國

阿拉貢
王國

西班牙王國是
因卡斯提亞女王伊莎貝拉
和阿拉貢國王斐迪南
結婚而建立

收復失地運動
伊比利半島的
西哥德王國(P41)
遭到伊斯蘭王朝消滅後，
被穆斯林統治，
後來由基督徒奪回

收復失地運動結束後，
西班牙開始航向大海
(大航海時代，P77)

| BC2000 | BC500 | 500 | 1050 | 1150 | 1250 | 1350 | 1450 | 1550 | 1650 | 1750 | 1850 | 1950 |

| BC3000 | BC1000 | 0 | 1000 | 1100 | 1200 | 1300 | 1400 | 1500 | 1600 | 1700 | 1800 | 1900 | 2000 |

　　中世紀後期，教會的影響力迅速衰退（P58）。失去了「教會調停」這個最終手段，各國國王之間的利益紛爭也開始越演越烈。

　　在**法王腓力四世**（P60）之後繼位的**查理四世**於一三二八年去世後，**卡佩王朝**（P60）終結，法國開始進入**瓦盧瓦王朝**（1328～1589 年）。沒想到腓力四世的孫子、**英國國王愛德華三世**（1327～1377 年在位）以血統為依據，要求繼承法國王位。再加上英國曾在國產羊毛出口地、盛產毛織品的**法蘭德斯伯爵領地**，成功阻止法國勢力進入英國。兩國衝突日漸加深，最後爆發了**百年戰爭**（1339～1453 年）。

　　在戰爭前半期，愛德華三世和兒子**黑太子愛德華**（1330～1376 年）大顯身手，英國得以占上風（1346 年的克雷西戰役、1356 年的普瓦捷戰役）。另一方面，法國在這段期間因**黑死病**（P58）大流行，再加上**札克雷暴動**（P59），國家瀕臨崩潰。

　　就在此時，法國出現了一名來自農村的少女——**聖女貞德**（1412～1431 年）。獲得天啓的貞德率領法軍上陣，於一四二九年奪回了遭到英國占領的**奧爾良**（解放奧爾良），

重整旗鼓的法軍也成功把英軍逐出法國。只是法國雖然贏得了戰爭，但諸侯和騎士的勢力卻因此疲弊沒落；相對的，以國王為中心的**中央集權**則是迅速發展（法國的君主專制，P96）。

　　百年戰爭後，英國發生了**蘭卡斯特家族**（以紅玫瑰為紋章）和**約克家族**（以白玫瑰為紋章）爭奪王位繼承權的**玫瑰戰爭**（1455～1485 年）。由於兩家分別得到諸侯和騎士的支持，使得玫瑰戰爭延燒了三十年，最後由**蘭卡斯特家族**的**亨利‧都鐸**獲勝。後來他以**亨利七世**（1485～1509 年在位）之名即位，並迅速整頓了國內的統治制度，也開啓了**都鐸王朝**（1485～1606 年）。

貞德在解放奧爾良的隔年
遭英軍逮捕。
經過宗教審判後
被視為異端，
在盧昂處以火刑。

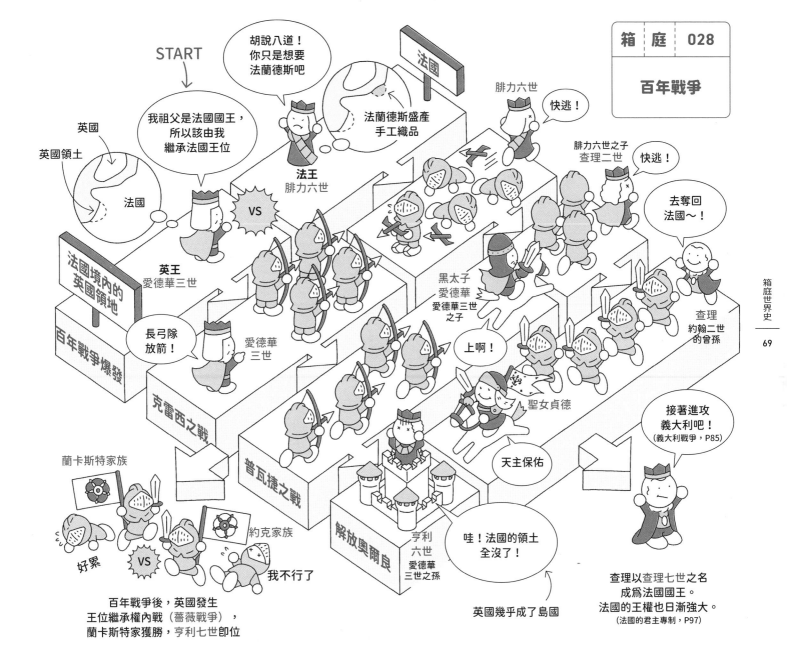

Part 3 近 世

（16 世紀〜工業革命）

文藝復興

人文主義再起

近世

72

十字軍東征的失敗（P56）導致人們無法再向過去那樣信賴**羅馬教宗**（P58）；原本加入十字軍、以奪回耶路撒冷為目標的人們，也開始慢慢認知到不同於自己生活圈的價值觀──天主教以外的觀點。

在此同時，因為與伊斯蘭文化圈進行貿易而繁榮的義大利城市佛羅倫斯，發起了**文藝復興運動**（renaissance，意為「重生」）。這場運動是要將原本以教會為中心的價值觀，轉移到以**人文主義**──即重視「**人性**」為主的價值。文藝復興的藝術不同於過去的聖像，大多是以基督教出現前的希臘時代為題材的繪畫和雕刻。**達文西**（1452～1519年）、

米開朗基羅（1475～1564年）、拉斐爾（1483～1520年）等藝術家，都從希臘文化中挖掘出「人性」。

在佛羅倫斯，有個以貿易致富的名門──**麥第奇家族**，以他們為首的富裕階層中，有許多都成為藝術家和思想家的贊助者，使得義大利文藝復興運動大為興盛。值得注意的是，由於羅馬教宗也是主要贊助人之一，所以還是出現了不少讚美教會的作品。等到文藝復興運動傳播到德國和法國等地、展開了**北方文藝復興運動**後，便開始出現批判教會的作品。

北方文藝復興

（義大利以外的文藝復興）
文藝復興運動源自義大利佛羅倫斯，後來也傳到阿爾卑斯山以北。表現人類原始風貌的作品越來越多

布勒哲爾
（尼德蘭）
擅長描繪農民
而非神祇

霍爾拜因
（德國）
擅長畫人物而
非神祇

蒙田
（法國）
以日記形式
寫下自己的思想

莎士比亞
（英國）
撰寫娛樂作品

伊拉斯謨
（尼德蘭）
批判神職人員

塞凡提斯
（西班牙）
詼諧描寫不合時宜
的騎士

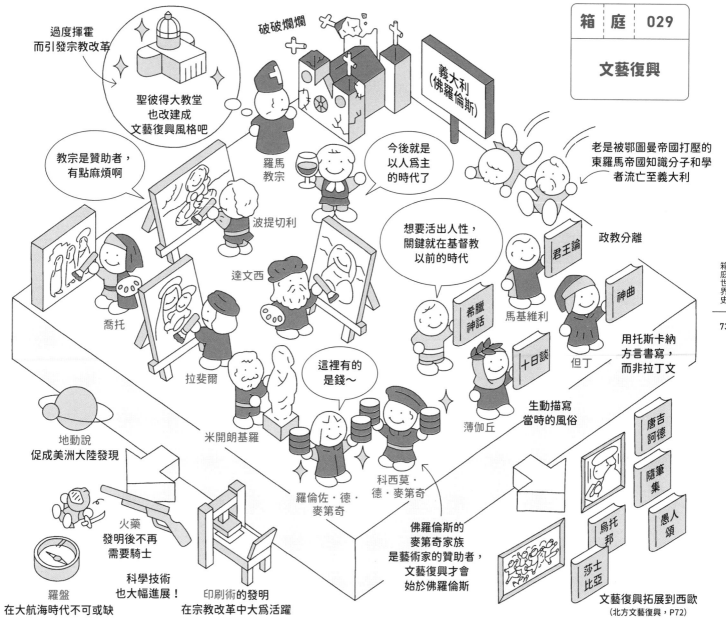

BC2000	BC500	500	1050	1150	1250	1350	1450	1550	1650	1750	1850	1950

| BC3000 | BC1000 | 0 | 1000 | 1100 | 1200 | 1300 | 1400 | 1500 | 1600 | 1700 | 1800 | 1900 | 2000 |

　　十四世紀時，對於已習慣肉食的歐洲來說，**印度**生產的**辛香料**（例如胡椒之類）本來就是高價商品；沒想到，進入十五世紀後，由於**鄂圖曼帝國**的勢力擴張，使得東方貿易變得十分不穩定，導致辛香料價格暴漲。為了直接取得辛香料，葡萄牙企圖開拓前往印度的航道，而**大航海時代**（15～17世紀）也就此揭開序幕。

　　開發航道需要大型船舶，有辦法籌措造船經費的當然就是**葡萄牙**和**西班牙**的國王。由於兩國國王在**收復失地運動**（P66）中都展現出強大的領導能力，也因此擁有莫大的權力和財富。

　　首先，**葡萄牙**的船在同時也是航海家的**恩里克王子**（1394～1460年）支持下，抵達了**非洲西岸**。接著，葡萄牙航海家**迪亞士**（約1450～1500年）也抵達了非洲的**好望角**。同樣出身葡萄牙的航海家**達伽馬**（約1469～1524年），後來則抵達了印度的**卡利卡特**。

　　成功開拓**印度航道**的葡萄牙，不必經過鄂圖曼帝國領土，就能直接和印度進行辛香料貿易，讓葡萄牙國王賺進了龐大財富，首都**里斯本**也成為繁盛一時的商業中心。

　　在此之後，葡萄牙船繼續向外航行，十六世紀時還曾抵達日本的**種子島**（隸屬鹿兒島縣）。

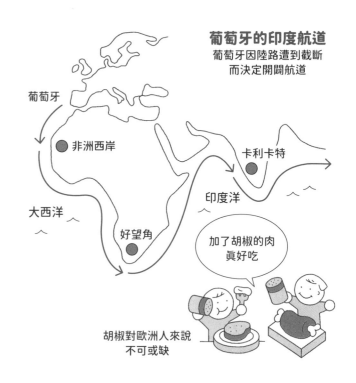

葡萄牙的印度航道
葡萄牙因陸路遭到截斷
而決定開闢航道

葡萄牙

非洲西岸

大西洋

好望角

卡利卡特

印度洋

加了胡椒的肉
真好吃

胡椒對歐洲人來說
不可或缺

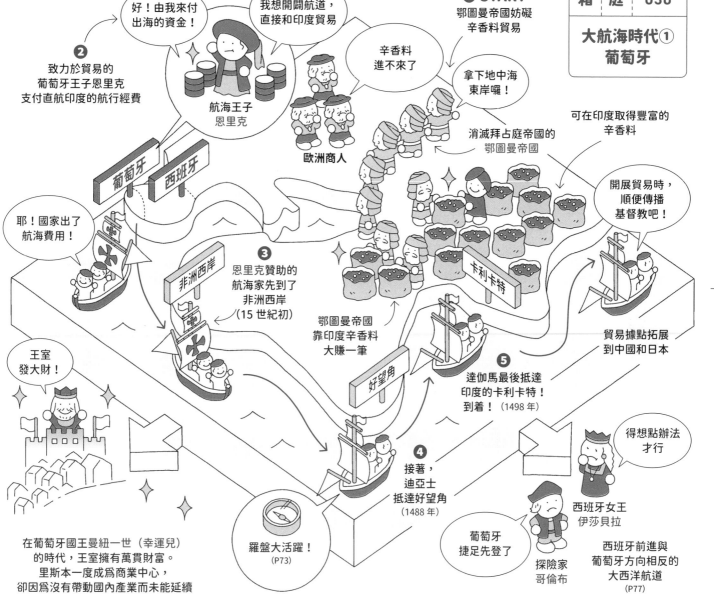

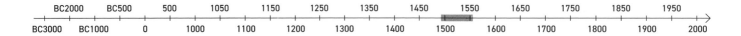

探險家**哥倫布**（1451～1506年）相信**地圓說**，認為只要從大西洋朝西航行，就可抵達**印度**。由於葡萄牙已在開闢航道上搶先一步（P74），不想屈居人後的**西班牙**女王**伊莎貝拉**（1474～1504年在位）便答應贊助哥倫布開拓大西洋航道。

哥倫布往西出航，經過兩個月行程後，終於抵達陸地；但那裡並不是印度，而是位於加勒比海上的**聖薩爾瓦多島**。而儘管探險家**亞美利哥‧維斯普奇**（1454～1512年）認為這裡是「新大陸」，但哥倫布畢生都相信這裡就是印度，因此這個地區至今仍稱為**西印度群島**。

後來，獲得西班牙國王卡洛斯一世（1516～1556年在位）贊助的航海士麥哲倫（約1480～1521年），率領艦隊繞過南美洲大陸後橫跨太平洋、抵達了菲律賓；接著又通過印度洋，完成航行地球一周的創舉。

卡洛斯一世立刻又派探險家科爾特斯（1485～1547年）和皮澤洛（約1470～1541年）前往新大陸。他們征服**阿茲特克帝國**（P134）和**印加帝國**（P134）後，利用原住民大量開採當地蘊藏的白銀，西班牙王室因此賺進龐大財富。到了菲利普二世（1556～1598年在位）的時代，西班牙已擁有

了「日不落國」（P86）的稱號。

而歐洲的商業中心就這樣從地中海轉移到大西洋。

西班牙的大西洋航道
葡萄牙控制了印度航道，
因此西班牙轉而開闢大西洋航道

大西洋航道才是去亞洲的捷徑

托斯卡內利
義大利
天文學家

哥倫布相信
托斯卡內利的地圓說

哥倫布

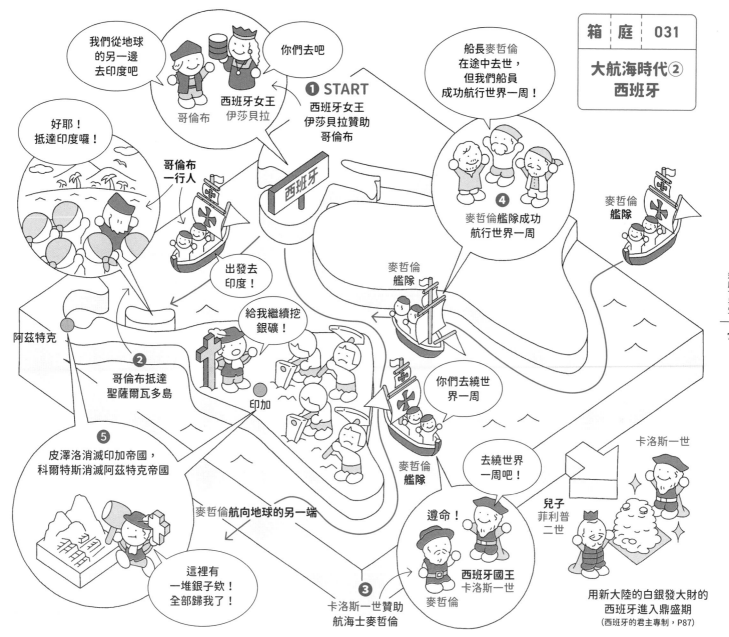

過去獨攬大權的**天主教會**，現在的勢力已經大不如前（P58）。羅馬教宗良十世（1513～1521年在位）為了籌措資金，竟然開始販賣贖罪券（能上天堂的憑證）；至於贖罪券的販售目標，當然就是**德國**（神聖羅馬帝國，P64）的農民。

教士馬丁‧路德（1483～1546年）眼見天主教會壓榨母國的農民，一五一七年時，他在威登堡教堂門口張貼了《九十五條論綱》，說明救贖不在教會，而是《聖經》，並譴責教會的行為。這就是宗教改革的開端。

教宗和神聖羅馬皇帝稱這些追隨路德的人為「抗議者」（protestatio），大力抵制。但路德教派很快便深入民間，皇帝根本無法壓制人民的聲音，於是提議簽署《奧格斯堡和約》（1555年）。從此，**領主**（諸侯）可以任意選擇信仰**天主教或路德教派**（後來為了區分，多稱羅馬天主教為「舊教」，宗教改革後的諸教派為「新教」）；至於**領邦**（P64）內的人民，則信仰領主所選擇的宗派。

這下子，德國的諸侯得以同時掌控政治和宗教，權力更加強大；而德國儘管名為帝國，卻已具備了**主權國家邦聯**的特質。

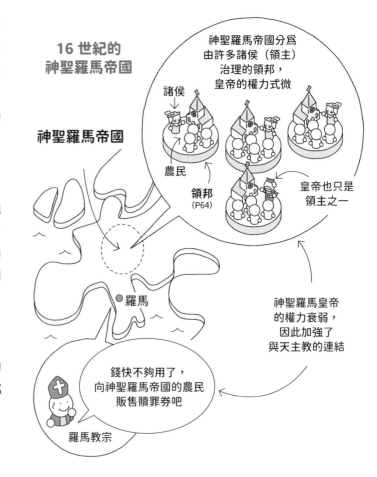

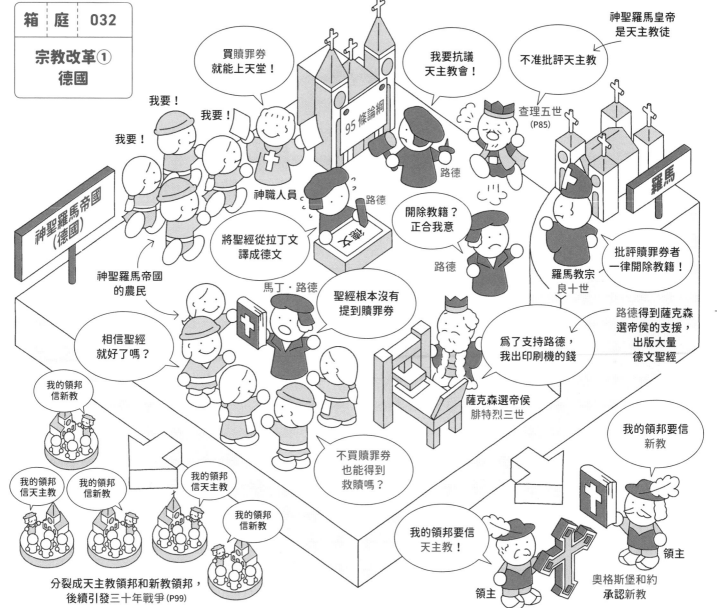

宗教改革① 德國

繼**路德**（P78）之後發起**宗教改革**（P78）的，是活躍於**瑞士**的**喀爾文**（1509～1564 年）。

喀爾文提倡的**預定論**（神要救贖誰早有預定）廣受當時因蓄積財富而內疚的工商業者所接受。天主教的教義主張「累積錢財是罪惡」，喀爾文卻認為，累積財富表示你忠於上帝所賦予的工作。**資本主義**的精神其實就是受到喀爾文教派的理論影響。

後來，**喀爾文教派**以法國、英國、尼德蘭（當時屬於西班牙）等工商業發達的地區為中心，廣泛傳播。

另一方面，天主教會試圖對抗喀爾文教派等**新教**（P78）的勢力，在特利騰大公會議（1545～1563 年）上強調天主教會的正統性，排除一切異端。羅耀拉的依納爵（約 1491～1556 年）和方濟・沙勿略（約 1506～1552 年）等耶穌會士，就是在此時期被派往尚未接受天主教的日本等地區。

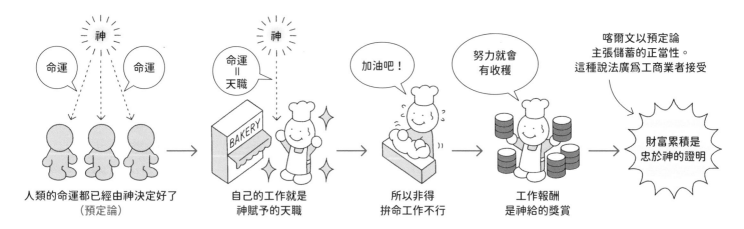

人類的命運都已經由神決定好了
（預定論）

自己的工作就是
神賦予的天職

所以非得
拼命工作不行

工作報酬
是神給的獎賞

喀爾文以預定論
主張儲蓄的正當性。
這種說法廣為工商業者接受

財富累積是
忠於神的證明

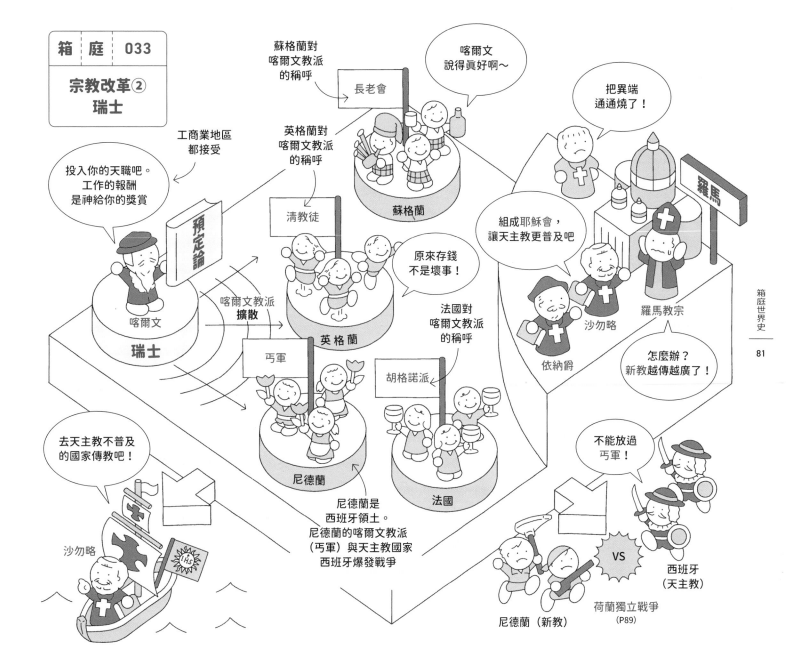

宗教改革③

英國的新教——英國國教派

英國的宗教改革不同於**德國和瑞士的宗教改革**（P78、P80），是在**國家主導**下展開的。

在英國都鐸王朝開創者**亨利七世**（P68）之後繼位的，正是**亨利八世**（1509～1547年在位）。他為了順利與王后離婚、另結新歡，脫離禁止離婚的**天主教會**，創立英國獨有的教會制度——**英國國教派**（1534年）。

亨利八世沒收了天主教會的土地並分給國民，尤其是分給名為**紳士**的地主階級（P90），這項變革大大衝擊了整個英國。

英國國教派在信奉天主教的女王**瑪麗一世**在位期間（1553～1558年）曾遭受打壓；不過，繼任的女王**伊莉莎白一世**（1558～1603年在位）一上任，便認定英國國教派為**國教**，並透過《**教會統一法令**》（1559年）制定相關的宗教儀式和教義。

此後，英國便建立了宗教和政治皆由國王掌握的體制，但依舊維持**尊重議會的英國傳統**（模範議會，P62）。

沒想到，伊莉莎白一世死後，稱為**清教徒**（P90）的**喀爾文教派**（P80）很快就和英國國王（英國國教派）發生了爭執。

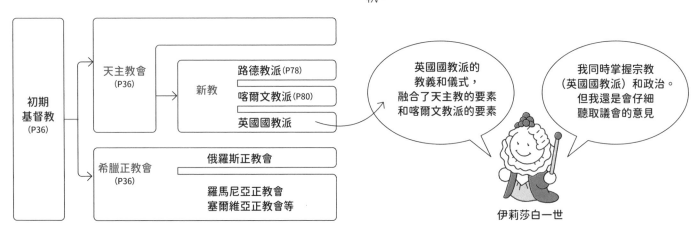

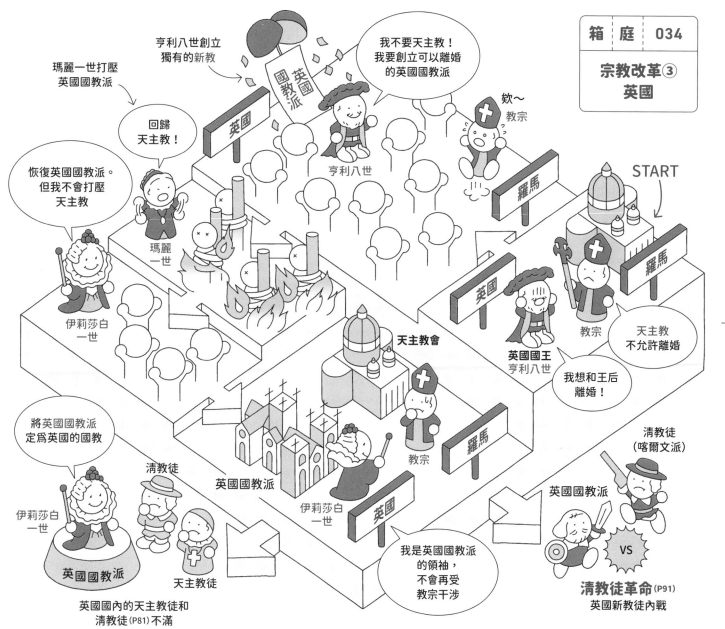

進入中世紀後期，羅馬教宗和諸侯的力量日漸式微（P58）。諸侯治下各莊園之間的界線變得模糊，但相對的，國與國之間的界線（國境）則是越來越明確。各國國王成為決定國內所有方針的最高權力者。

決定國家方針的權力稱為**主權**，有主權的國家稱為**主權國家**。十六世紀時，由國王獨攬主權——**君主專制**的主權國家開始陸續出現。

這些主權國家的形成起因於**義大利戰爭**（1494～1559年）。義大利戰爭是渴望得到「商業城市義大利」的**法國**王室（瓦盧瓦王朝，1328～1589年），和想取得「羅馬所在的義大利」的**神聖羅馬皇帝**（哈布斯堡家族，P64）之間長達六〇年的戰爭，但包含英國在內的各方勢力，都為了自身利益而參戰；至於戰爭結束後所形成的勢力範圍，理所當然地就成為各國的領土。

這場義大利戰爭，使法國王室和哈布斯堡家族的糾紛持續延燒。

中世紀（封建制）
以羅馬教宗爲首，國王的勢力衰弱

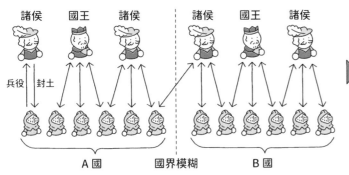

近世（主權國家體制）
羅馬教宗和諸侯力量式微，國王勢力漸強

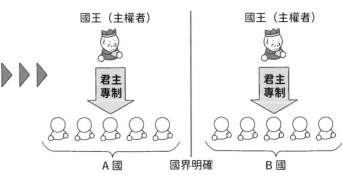

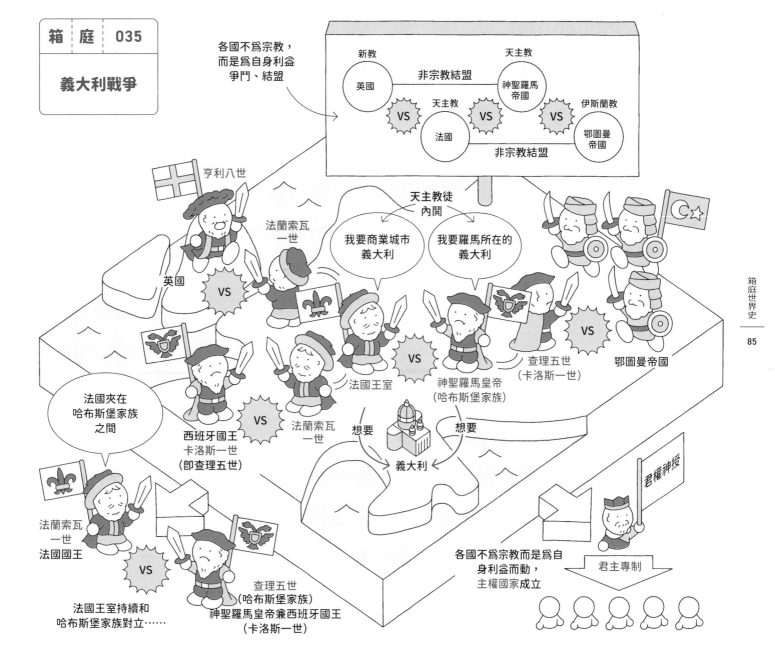

各國不爲宗教，
而是爲自身利益
爭鬥、結盟

新教　　　　　　　　　　　天主教
英國 ——— 非宗教結盟 ——— 神聖羅馬帝國
　　　　　天主教　　　　　　　　　　　伊斯蘭教
VS　　　　VS　　　　VS
　　　　法國 ——— 非宗教結盟 ——— 鄂圖曼帝國

亨利八世

英國　VS

法蘭索瓦
一世

天主教徒
內鬨

我要商業城市
義大利

我要羅馬所在的
義大利

查理五世
（卡洛斯一世）

鄂圖曼帝國

法國王室　VS　神聖羅馬皇帝
　　　　　　　（哈布斯堡家族）

法國夾在
哈布斯堡家族
之間

西班牙國王
卡洛斯一世
（即查理五世）　VS　法蘭索瓦
一世

想要　　想要

義大利

君權神授

法蘭索瓦
一世
法國國王　VS

查理五世
（哈布斯堡家族）
神聖羅馬皇帝兼西班牙國王
（卡洛斯一世）

法國王室持續和
哈布斯堡家族對立……

各國不爲宗教而是爲自
身利益而動，
主權國家成立

君主專制

一五一六年，西班牙出現了由**哈布斯堡家族**開創的王朝（1516～1700年，P84），首任國王是**卡洛斯一世**（1516～1556年在位，P85）。卡洛斯一世的祖父是出身哈布斯堡家族的**神聖羅馬帝國**皇帝**馬克西米連一世**（1493～1519年在位），外祖母則是西班牙公主伊莎貝拉女王，擁有非常高貴的血統。

卡洛斯一世十九歲時，繼承了祖父的**神聖羅馬帝國皇帝**帝位，是為**查理五世**（1519～1556年在位，P85）；換言之，西班牙國王卡洛斯一世，同時身兼**神聖羅馬皇帝查理五世**。這使得卡洛斯一世的統治範圍包括了奧地利、比利時、荷蘭、盧森堡、米蘭、拿坡里、西西里等地，涵蓋除了法國以外的歐洲大陸、中美和南美大陸，遠至菲律賓。

此外，十六世紀下半葉時，也就是其子菲利普二世在位的時代（1556～1598年），南美洲波托西銀山的白銀產量暴增，再加上合併了葡萄牙，使得西班牙的領土得以擴及非洲和印度。於是西班牙便被比喻為「國力強盛到即使母國夜幕低垂，依然有太陽照耀某處領土」，而有「**日不落國**」之稱。

但盛極一時的西班牙在**荷蘭獨立戰爭**（P88）後，國力開始衰退。當時受西班牙統治的荷蘭爆發了以新教勢力為主導的獨立運動，背後則有英國在撐腰。英國的介入對於企圖以天主教統一全歐洲的菲利普二世來說，可說是一大打擊。一五八八年，西班牙在**無敵艦隊海戰**中敗北，國力在這之後便逐漸衰弱。

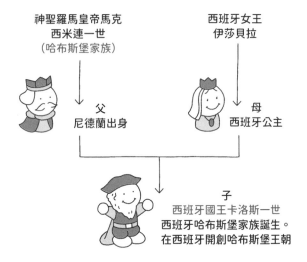

神聖羅馬皇帝馬克
西米連一世
（哈布斯堡家族）

西班牙女王
伊莎貝拉

父
尼德蘭出身

母
西班牙公主

子
西班牙國王卡洛斯一世
西班牙哈布斯堡家族誕生。
在西班牙開創哈布斯堡王朝

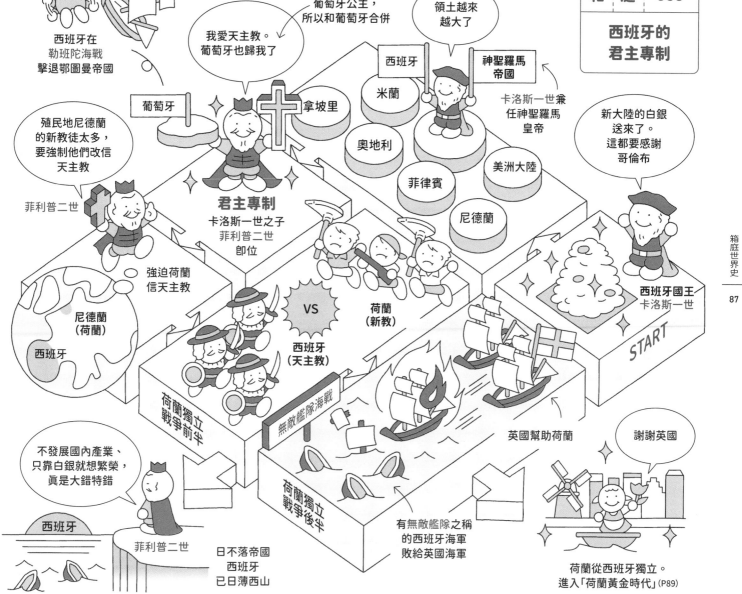

西班牙在
勒班陀海戰
擊退鄂圖曼帝國

母親是
葡萄牙公主，
所以和葡萄牙合併

領土越來
越大了

我愛天主教。
葡萄牙也歸我了

西班牙

米蘭

神聖羅馬
帝國

卡洛斯一世兼
任神聖羅馬
皇帝

新大陸的白銀
送來了。
這都要感謝
哥倫布

殖民地尼德蘭
的新教徒太多，
要強制他們改信
天主教

葡萄牙

拿坡里

奧地利

美洲大陸

菲利普二世

菲律賓

尼德蘭

君主專制
卡洛斯一世之子
菲利普二世
即位

強迫荷蘭
信天主教

西班牙國王
卡洛斯一世

尼德蘭
（荷蘭）

西班牙

VS

荷蘭
（新教）

西班牙
（天主教）

START

荷蘭獨立
戰爭前半

無敵艦隊海戰

英國幫助荷蘭

謝謝英國

不發展國內產業、
只靠白銀就想繁榮，
真是大錯特錯

荷蘭獨立
戰爭後半

西班牙

菲利普二世

日不落帝國
西班牙
已日薄西山

有無敵艦隊之稱
的西班牙海軍
敗給英國海軍

荷蘭從西班牙獨立。
進入「荷蘭黃金時代」(P89)

荷蘭的獨立與繁榮

十七世紀的「黃金時代」

037

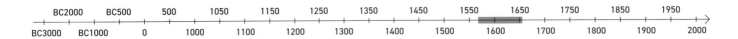

　　宗教改革後，有許多名為**丐軍**（P81）的**喀爾文教派新教徒**居住於商業國家**荷蘭**（尼德蘭）。但由於統治荷蘭的**西班牙王室**（哈布斯堡家族）信仰的是**天主教**，因此也強迫荷蘭信奉天主教。對此表示反彈的荷蘭人民在領導者**奧蘭治親王威廉**（1533～1584年）的領導下，對西班牙發起了獨立戰爭，也就是**荷蘭獨立戰爭**（1568～1609年）。

　　有了英國撐腰（無敵艦隊海戰，P90），荷蘭獨立成功，不但建立了**尼德蘭七省聯合共和國**（首都阿姆斯特丹），也在**巴達維亞**（現在的雅加達）建立殖民地，並以此為據點，壟斷了東南亞的辛香料貿易。後來，荷蘭還占有了**臺灣**、在非洲建立了**開普殖民地**（1652年）、在美洲建立了**新阿姆斯特丹**（現在的紐約），全球貿易一手在握。

　　荷蘭人民的生活因此變得十分富裕，還出現了**林布蘭**（1606～1669年）**維梅爾**（1632～1675年）等知名畫家，藝術文化方面的發展可說十分豐富，甚至有「**十七世紀是荷蘭的世紀**」一說。

　　只是，由於荷蘭的發展靠的是**轉口貿易**（將他國進口的商品出口至另一國的貿易型態），導致國內產業毫無起色。當荷蘭在與英國爭奪海上霸權的**英荷戰爭**（1652～1654年）中敗北後，勢力便逐漸衰退。

17世紀荷蘭在世界的足跡

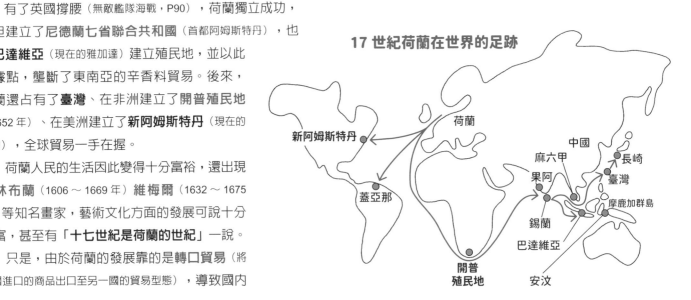

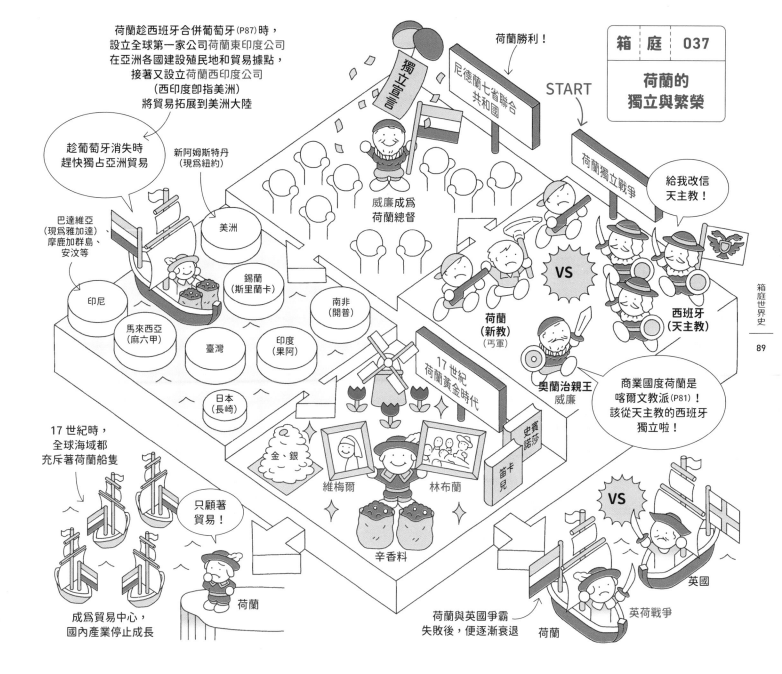

荷蘭趁西班牙合併葡萄牙(P87)時，
設立全球第一家公司荷蘭東印度公司
在亞洲各國建設殖民地和貿易據點，
接著又設立荷蘭西印度公司
（西印度卽指美洲）
將貿易拓展到美洲大陸

趁葡萄牙消失時
趕快獨占亞洲貿易

新阿姆斯特丹
（現爲紐約）

巴達維亞
（現爲雅加達）
摩鹿加群島、
安汶等

印尼

馬來西亞
（麻六甲）

錫蘭
（斯里蘭卡）

美洲

南非
（開普）

臺灣

印度
（果阿）

日本
（長崎）

17 世紀時，
全球海域都
充斥著荷蘭船隻

只顧著
貿易！

荷蘭

成爲貿易中心，
國內產業停止成長

荷蘭勝利！

尼德蘭七省聯合
共和國

獨立宣言

威廉成爲
荷蘭總督

17 世紀
荷蘭黃金時代

金・銀

維梅爾　林布蘭

辛香料

史賓諾莎

笛卡兒

START

荷蘭獨立戰爭

給我改信
天主教！

VS

荷蘭
（新教）
（乞軍）

西班牙
（天主教）

奧蘭治親王
威廉

商業國度荷蘭是
喀爾文教派(P81)！
該從天主教的西班牙
獨立啦！

VS

荷蘭　　英國

英荷戰爭

荷蘭與英國爭霸
失敗後，便逐漸衰退

箱庭 037
荷蘭的
獨立與繁榮

箱庭世界史
89

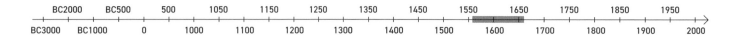

英國雖然出現了由國王掌握**宗教**和**政治**的**君主專制**（P82），但女王**伊莉莎白一世**在位期間（1558～1603年），仍然維護了尊重議會的英國傳統（模範議會，P62）。

關於中央政策，伊莉莎白一世會與**議會**協商後再做決定；至於鞭長莫及的地方統治，則交給身為地主、並藉由經營生產毛織品的牧場和工廠賺取收入的**紳士階級**（P82）。在這個體系下，英國的政治情勢大致穩定，且因為不斷將毛織品銷往海外，國力日漸強盛。

不只如此，伊莉莎白一世也企圖進軍海外。由於當時的大西洋霸權握在發現美洲大陸的西班牙手上（西班牙的君主專制，P86），英國便以荷蘭獨立為藉口、向西班牙挑起爭端，並在一五八八年的**無敵艦隊海戰**（P86）中擊敗西班牙，奪得大西洋霸權。

此外，伊莉莎白一世更創立了從事貿易活動的**東印度公司**（1600年），致力於建設殖民地。

只是伊莉莎白一世死後，英國便開始風雲變色。繼任的**詹姆士一世**（1603～1625年在位）以**英國國教派**（P82）的名義宣揚君權神授說，執行無視議會的專制統治，並打壓天主教和清教徒——英國的**喀爾文教派**新教徒（P80）；詹姆士一世之子**查理一世**（1625～1649年在位）更進一步解散了當時擁有許多清教徒的議會。

以**克倫威爾**（1599～1658年）為中心的議會於是挺身反抗。一六四五年，克倫威爾在**內斯比戰役**中擊敗支持國王的保王黨，處死了國王查理一世，後來並在英國建立了史上首度的共和制（1649年）。

由於這場革命是在清教徒主導下所進行的，於是被稱為**清教徒革命**（1640～1660年）。

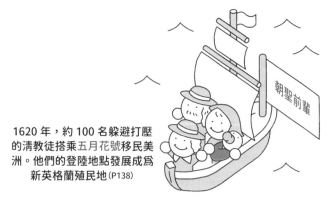

1620年，約100名躲避打壓的清教徒搭乘五月花號移民美洲。他們的登陸地點發展成為新英格蘭殖民地(P138)

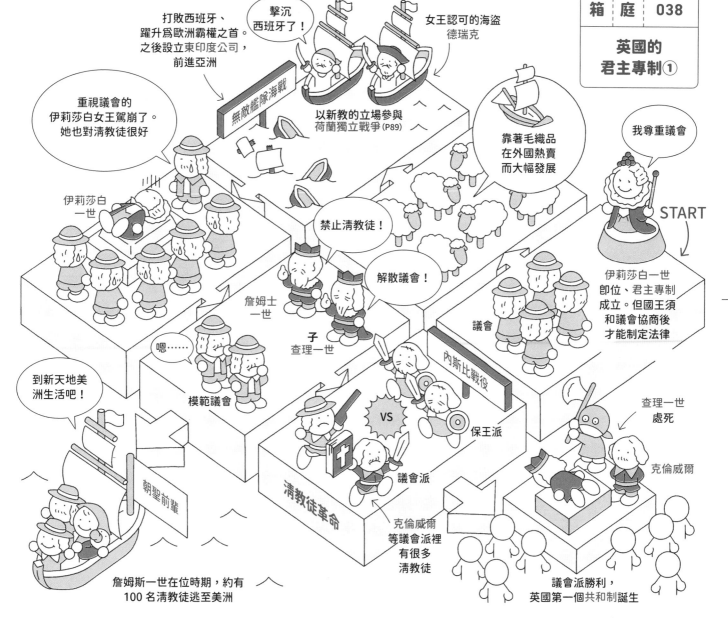

英國的
君主專制①

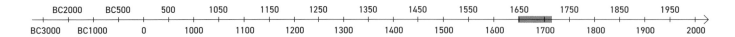

BC2000	BC500		500	1050	1150	1250	1350	1450	1550	1650	1750	1850	1950	
BC3000	BC1000	0	1000	1100	1200	1300	1400	1500	1600	1700	1800	1900	2000	

共和制誕生
共和制的英國
在英荷戰爭中
占了上風，
從荷蘭手中奪得
世界貿易霸權

克倫威爾

克倫威爾所領導的**清教徒革命**成功後，在英國建立了**共和制**（P90）。在那之後，克倫威爾不但征服了**愛爾蘭**，還向當時領導海上貿易的荷蘭發起爭奪貿易權的**英荷戰爭**（1652～1654年）。在英荷戰爭中取得優勢的克倫威爾成為**護國公**（1653年），開始實行獨裁統治。

對獨裁統治的不滿導致民怨爆發，於是英國再度擁立國王、回歸君主專制（**君主復辟**，1660年）。沒想到繼任的每一任國王全都蔑視議會，於是英國議會發動了一場不流血的**光榮革命**（1688～1689年），並通過《**權利法案**》（1689年），從其他國家迎來了國王；坐上國王大位的條件則是「承認議會的主權」。於是，來自荷蘭的**威廉三世**（1689～1702年在位）和妻子**瑪麗二世**（1689～1694年在位）就任英國國王，英國形成議會擁有權力的**君主立憲制**。

政局穩定的英國於**安妮女王**在位（1702～1714年）時，與蘇格蘭合併為**大不列顛王國**（1707年）。到了**喬治一世**在位（1714～1727年）時，英國更加貫徹議會政治，達到了「國王當政但不統治」的境界。

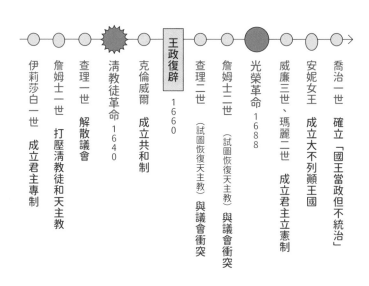

伊莉莎白一世　成立君主專制

詹姆士一世　打壓清教徒和天主教

查理一世　解散議會

清教徒革命 1640

克倫威爾　成立共和制

王政復辟 1660

查理二世 （試圖恢復天主教） 與議會衝突

詹姆士二世 （試圖恢復天主教） 與議會衝突

光榮革命 1688

威廉三世、瑪麗二世　成立君主立憲制

安妮女王　成立大不列顛王國

喬治一世　確立「國王當政但不統治」

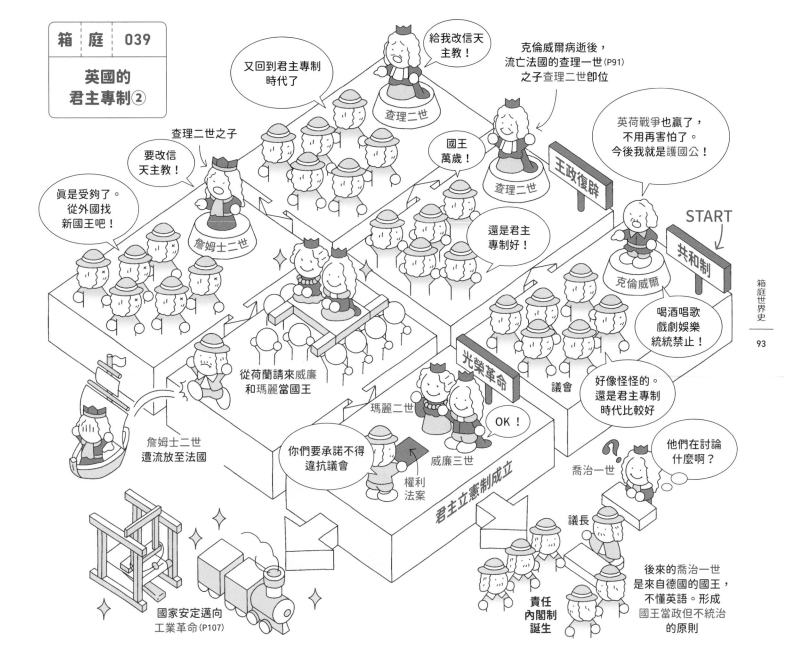

英國和法國的殖民政策

英國的目標是成爲殖民帝國

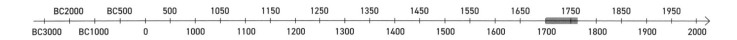

大航海時代（P74、P76）促使西班牙和葡萄牙競相獲取殖民地；而當兩國勢力衰退之後，取而代之嶄露頭角的，則是**荷蘭、英國和法國**。

在十八世紀的歐洲，咖啡廳和咖啡店廣受歡迎，咖啡豆和甘蔗的需求量隨之大增。因此，加勒比海地區開始透過種植業（plantation）大規模栽培咖啡豆和甘蔗，勞力則是從西非運送過來的黑人奴隸。另外，棉織品在歐洲掀起大流行，使得北美大陸南方的棉花種植迅速增加。以這種形式在歐洲、美洲、非洲大陸之間進行的貿易，就稱為**大西洋三角貿易**（P136）。

當時握有大西洋三角貿易主導權的是**英國**，這與英法之間的殖民地戰爭有很深的關聯。當時法國在北美大陸取得了魁北克（現在的加拿大）、路易斯安那，英國則在東岸擁有**北美十三州**。但法國後來在**英法北美戰爭**（1754～1763年）中徹底敗給英國，也因此失去北美大陸殖民地。

同一時期，英國和印度之間也發生了**普拉西戰役**（1757年）及**卡那提克戰爭**（1744～1763年）；從結果來看，都是英國對法國的勝利。就這樣，英國得到了殖民印度的主導權，並展開第一次殖民帝國的時代。

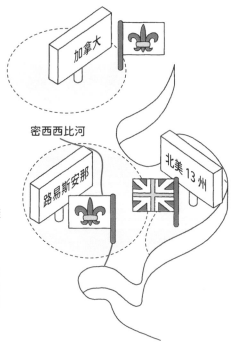

英國在北美大陸建立了13個殖民地，包括最早的殖民地維吉尼亞、逃避打壓而遠渡美洲的清教徒(P90)奠基的新英格蘭、從荷蘭手中奪得的紐約(P88)等。另一方面，法國則有路易斯安那、加拿大等殖民地。此後，雙方便開始爭奪領土。

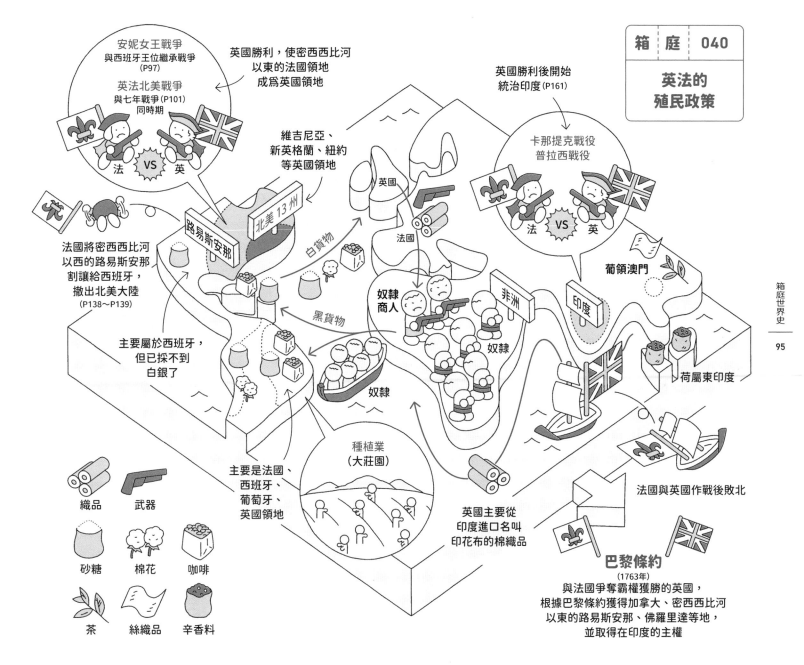

英法的
殖民政策

安妮女王戰爭
與西班牙王位繼承戰爭
(P97)

英法北美戰爭
與七年戰爭 (P101)
同時期

法 VS 英

英國勝利，使密西西比河
以東的法國領地
成為英國領地

英國勝利後開始
統治印度 (P161)

卡那提克戰役
普拉西戰役

法 VS 英

維吉尼亞、
新英格蘭、紐約
等英國領地

英國

路易斯安那

北美 13 州

法國

葡領澳門

印度

荷屬東印度

法國將密西西比河
以西的路易斯安那
割讓給西班牙，
撤出北美大陸
(P138～P139)

白貨物

黑貨物

奴隸
商人

非洲

奴隸

主要屬於西班牙，
但已採不到
白銀了

奴隸

種植業
(大莊園)

主要是法國、
西班牙、
葡萄牙、
英國領地

英國主要從
印度進口名叫
印花布的棉織品

法國與英國作戰後敗北

織品　　武器

砂糖　　棉花　　咖啡

茶　　絲織品　　辛香料

巴黎條約
(1763年)
與法國爭奪霸權獲勝的英國，
根據巴黎條約獲得加拿大、密西西比河
以東的路易斯安那、佛羅里達等地，
並取得在印度的主權

法國的君主專制

朕即國家

百年戰爭（P68）結束後，法國也發生了**宗教戰爭**：名為**胡格諾派**的法國**喀爾文派**新教徒（P80），與**天主教徒**發生了長達三十年的內戰「**胡格諾戰爭**」（1562～1598年）。

平息這場內戰的，是一五八九年即位、開啓了法國**波旁王朝**（1589～1792年、1814～1830年）的國王**亨利四世**（1589～1610年在位）。亨利四世原本信奉胡格諾教派，後來卻改宗天主教，並將天主教定爲國教，不過他仍在一五九八年簽訂了《**南特詔書**》，承認胡格諾派的信仰。胡格諾戰爭就此落幕，國內也恢復安寧。

後來即位的**路易十三**（1610～1643年在位）和首席大臣**黎塞留**（1585～1642年），為了打壓反抗王權的貴族和平民，停止召開**三級議會**（P60），使得法國的王權迅速強化。到了**路易十四**（1643～1715年在位）的時代，在首席大臣**馬薩林**（1602～1661年）和財政大臣**柯爾貝**（1619～1683年）的輔佐下，法國的王權來到**鼎盛期**。有「太陽王」之稱的路易十四開始興建凡爾賽宮，向國內外展現自己的威力。

不過這反而使得戒備法國勢力的國家越來越多。法國在與這些國家作戰的**西班牙王位繼承戰爭**（1701～1713年）中，被迫消耗了大量經費，路易十四便打算要求國民統一

信仰天主教，以鞏固王權的絕對性，結果就是廢除了《**南特詔書**》，強制國民信奉天主教。

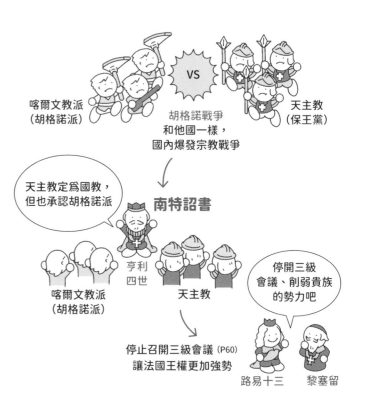

喀爾文教派
（胡格諾派）

VS

天主教
（保王黨）

胡格諾戰爭
和他國一樣，
國內爆發宗教戰爭

天主教定爲國教，
但也承認胡格諾派

南特詔書

喀爾文教派
（胡格諾派）

亨利
四世

天主教

停開三級
會議、削弱貴族
的勢力吧

停止召開三級會議（P60）
讓法國王權更加強勢

路易十三　黎塞留

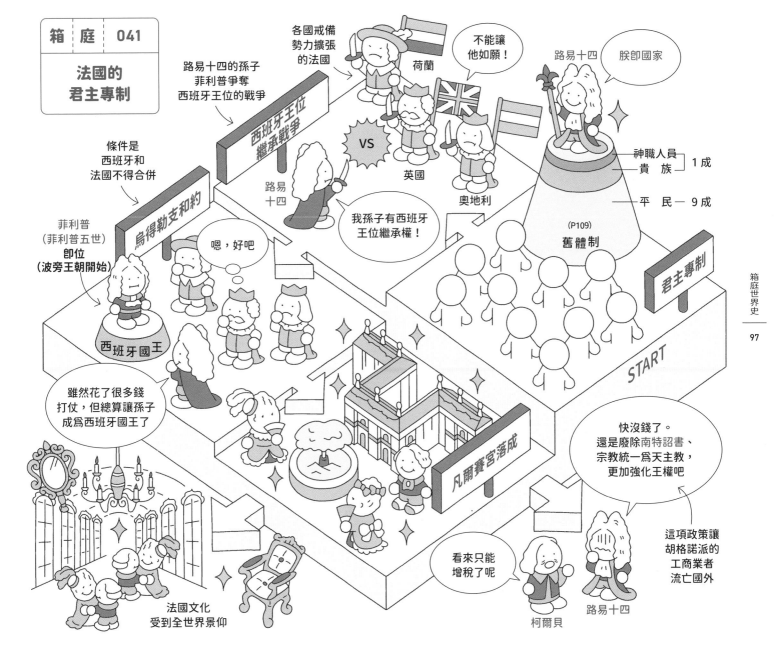

在歐洲各地陸續進行**宗教改革**的十六世紀，**神聖羅馬帝國**（德國）**是由諸侯所治理的多個領邦組成的聯邦國家**（P64）。

由於簽訂了《**奧格斯堡和約**》（P78），使得領邦分成信奉**天主教**和信奉**路德教派**兩邊；而兩者的分裂也導致帝國陷入**三十年戰爭**（1618～1648年）。

在這場戰爭中，由**哈布斯堡家族**（天主教）所統治的西班牙加入了天主教陣營；另一方面，法國雖然身為天主教國家，卻加入了新教陣營。因為法國在地理上位處神聖羅馬帝國和西班牙之間，而這兩國的皇帝剛好都是哈布斯堡家族的人（P64、P86），因此法國長年來始終與哈布斯堡家族對立。

爭戰三十年的結果，**神聖羅馬帝國依舊未能統一**。一六四八年簽訂《**西發里亞和約**》後，帝國實質上解體，成為幾乎完全由諸侯掌握**主權**的邦聯。

在**三十年戰爭**過後的德國，前身為**普魯士公國**的普魯士王國，與奧地利大公國（哈布斯堡家族統治的領邦國家）的對立日漸升溫。

一七四〇年，普魯士國王**腓特烈二世**（P100）即位後，著手整頓行政和財政，在國內確立了**開明專制**（P100），並與奧地利女大公**瑪麗亞·德蕾莎**（P100）爭奪盛產煤礦的西利西亞（奧地利王位繼承戰爭，P100）。

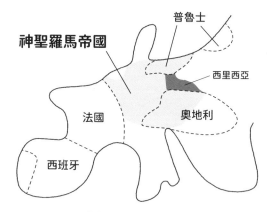

三十年戰爭後，神聖羅馬帝國因西發里亞和約而實質解體，成為由諸侯掌握主權的邦聯。其中勢力最強的是奧地利和普魯士

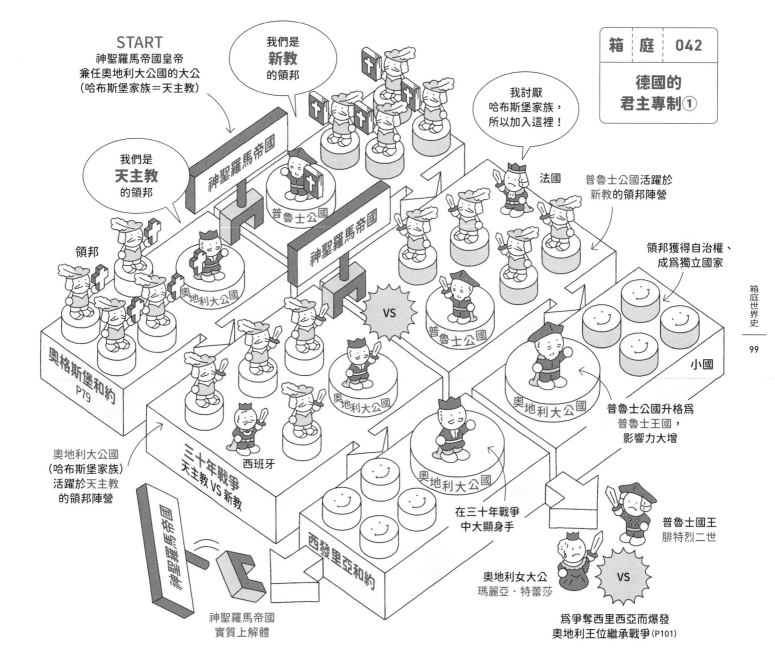

START
神聖羅馬帝國皇帝
兼任奧地利大公國的大公
（哈布斯堡家族＝天主教）

我們是
新教
的領邦

我討厭
哈布斯堡家族，
所以加入這裡！

我們是
天主教
的領邦

法國

普魯士公國活躍於
新教的領邦陣營

領邦

領邦獲得自治權、
成爲獨立國家

神聖羅馬帝國

普魯士公國

神聖羅馬帝國

奧地利大公國

VS

普魯士公國

小國

奧格斯堡和約
P79

奧地利大公國

奧地利大公國
（哈布斯堡家族）
活躍於天主教
的領邦陣營

普魯士公國升格爲
普魯士王國，
影響力大增

三十年戰爭
天主教 VS 新教

西班牙

奧地利大公國

在三十年戰爭
中大顯身手

神聖羅馬帝國

普魯士國王
腓特烈二世

奧地利女大公
瑪麗亞・特蕾莎

VS

神聖羅馬帝國
實質上解體

西發里亞和約

爲爭奪西里西亞而爆發
奧地利王位繼承戰爭 (P101)

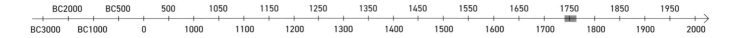

　　三十年戰爭後，神聖羅馬帝國實質上成為**邦聯**國家（P98）。在眾多領邦中，勢力最龐大的是**奧地利大公國**與擁有強大軍事力量的**普魯士公國**（1701 年升格為王國）。

　　奧地利在因為女大公瑪麗亞·德蕾莎（1740～1780 年在位）繼承問題而引起的**奧地利王位繼承戰爭**（1740～1748年）中，擊敗了法國。但也是在這場戰爭中，支持法國、與奧地利作戰的**普魯士**占領了富含煤礦的**西利西亞**。為了奪回這裡，奧地利透過**外交革命**，與長年不對盤的法國達成歷史性的和解，並建立同盟關係（1756 年）。為了更加鞏固兩國的同盟關係，瑪麗亞·德蕾莎還將女兒瑪麗·安東妮（1755～1793 年，P108）嫁入法國王室。

　　另一方面，**普魯士**國王腓特烈二世（1740～1786 年在位）利用能改善社會和生活的啟蒙思想，建立了名為「**開明專制**」的**君主專制**。他在此體制下推動產業和藝術的發展，採用寬容的宗教政策，企圖建立強大的國家；而這種「開明專制」後來也影響了奧地利大公**約瑟夫二世**（瑪麗亞·德蕾莎的長子）。

　　眼見瑪麗亞·德蕾莎透過**外交革命**強化了奧地利與法國的關係，腓特烈二世於是拉攏英國做為反制。結果，支持法國的奧地利與支持英國的普魯士之間，就這樣爆發了**七年戰爭**（1756～1763 年）。

　　最後，支持英國的普魯士打敗了奧地利，不但保住了**西利西亞**，也開始朝最強軍事國家之路邁進。

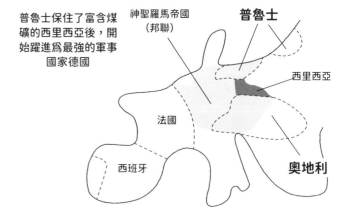

普魯士保住了富含煤礦的西里西亞後，開始躍進為最強的軍事國家德國

神聖羅馬帝國（邦聯）　普魯士　西里西亞　法國　奧地利　西班牙

德國，最強
軍事國

普魯士和奧地利
爭奪富含煤礦的
西里西亞

代代由
哈布斯堡家族
統治的國家

普魯士

我最討厭
哈布斯堡
家族！

法國
路易十五

奧地利

VS

腓特烈二世

**瑪麗亞·
德蕾莎**

不同於法王的「朕卽國家」
(P97)，腓特烈二世認爲
「國王要爲國奉獻」

英國
喬治二世

君主是國家
第一公僕！

英國
喬治二世

VS

腓特烈二世

好耶！拿到
西里西亞了

奧地利王位繼承戰爭

這次幫這邊吧

**瑪麗亞·
德蕾莎**

外交革命

法國和宿敵
哈布斯堡家族聯手

法國
路易十五

七年戰爭

腓特烈二世

普魯士成爲
超級強國

敗

勝

我嫁給
法王路易十六

我也採取
開明專制

**瑪麗亞·
德蕾莎**

伏爾泰

爲了鞏固奧地利
和法國的邦交

次女
瑪麗·安東妮

長子
約瑟夫二世

腓特烈二世是**開明專制君主**，
發展國內產業、提高福利、
推動藝術、宗教自由等
近代化政策

	BC2000	BC500	500	1050	1150	1250	1350	1450	1550	1650	1750	1850	1950
BC3000	BC1000		0	1000	1100	1200	1300	1400	1500	1600	1700	1800	1900	2000

近世

102

由於**拜占庭帝國**末代皇帝的姪女，和**莫斯科大公國**（俄羅斯帝國前身）的**伊凡三世**結婚，拜占庭帝國和**希臘正教**的文化因此得以由**俄羅斯**繼續傳承（P52）。

莫斯科大公國在「伊凡雷帝」──伊凡四世（1533～1584年在位）即位後，正式以「沙皇」（詞源為凱撒〔Caesar〕）做為君主的稱號，意思就是**皇帝**。十七世紀，在莫斯科大公國王朝斷絕後誕生的**羅曼諾夫王朝**（1613～1917年）也承襲了這個稱號，建立了**沙皇專制**，也就是由沙皇統治的**威權體制**。

十七世紀是西歐各國紛紛在海外拓展殖民地和勢力範圍的年代，俄羅斯當然也不願落於人後，開始放眼世界。

不過眼前有個大問題，且攸關俄羅斯發展的根本：俄羅斯是寒帶國家，冬天時港口會結冰，沒有**一年四季都能使用的港口**，也就是不凍港。

後來，於十七世紀末即位的**彼得一世**（彼得大帝，1682～1725年在位）在北方戰爭（1700～1721年）中擊敗了強國瑞典、取得波羅的海霸權；而這段時間在波羅的海沿岸建立的堡壘，就是後來的首都**聖彼得堡**。

另外，在十八世紀末，以**開明專制君主**為傲的女皇**葉卡捷琳娜二世**（葉卡捷琳娜大帝，1762～1796年在位，P154）擊敗鄂圖曼帝國，占領了黑海北岸的克里米亞半島。

以**取得不凍港**為起點而展開的南下政策，為俄羅斯取得了進入地中海的契機。

拜占庭帝國

拜占庭帝國滅亡
（P52）

和清朝（中國）
的國境
也確定了

莫斯科大公國

莫斯科大公國繼承了
拜占庭帝國的文化
（P52）

俄羅斯帝國

彼得一世拓展勢力，
壯大爲俄羅斯帝國

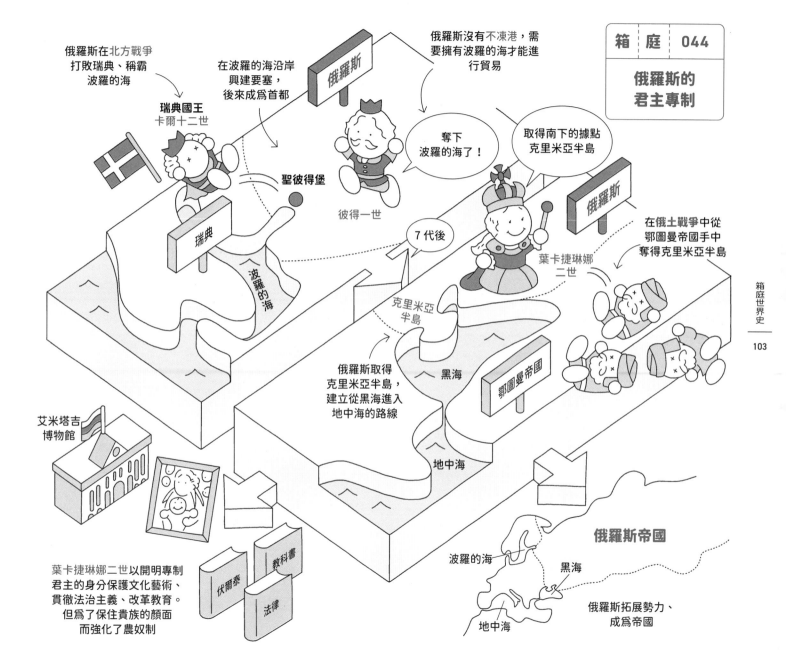

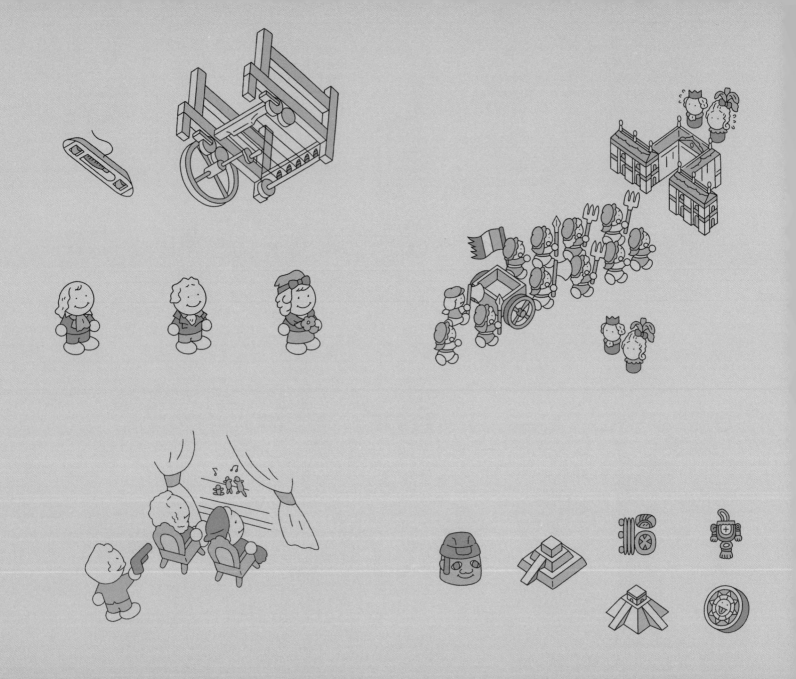

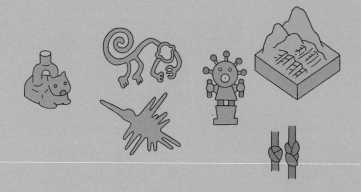

Part 4 近代

（工業革命～二戰爆發）

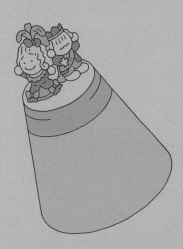

到了十八世紀，歐洲陸續發明了新的機器，從農業社會轉型為以**工業**為中心的社會。這項劇烈的變化稱之為「**工業革命**」。

工業革命之所以最早發生在**英國**的原因有很多。英國成功建立了許多**殖民地**、賺進鉅額財富（P94）；民眾的生活水準提高後，便開始追求高品質的產品。此外，當時的英國發生了**圈地運動**（土地私有化運動），國家同意地主圈領土地，導致大量佃農和小自耕農失業、湧入都市求職。從這個角度來看，這代表在英國已充分具備了工業革命所需要的**資金**、**需求**和**勞力**。

工業革命是從**棉紡織業**開始的。當時英國的**棉織品**是從印度進口的，但在**珍妮紡紗機**和**水力紡紗機**發明後，英國已能國內大量生產高品質的棉織品。至於棉織品的原料**棉花**，可透過**大西洋三角貿易**（P94）以低價進貨，這使得棉織品取代了過去的毛織品，一轉眼就變成英國的主力產品。

接著，為了能快速運送這些商品，用來開發紡紗機的技術，也就順理成章地應用在蒸氣船和蒸氣火車上，連帶使得**鋼鐵業**和**煤礦業**隨之發展，英國也逐漸奠定了**世界工廠**的地位。繼英國之後，工業革命的浪潮也傳播到了比利時、法國、德國、美國等國。

工業革命大幅提高了生產力，卻也造成了**資本家**和**勞工**的**階級對立**。不僅如此，因機器普及而失業的手工業者，甚至還發起了毀壞紡織機運動；至於**人口集中**、**工時過長**等問題，也開始一一浮現。

飛梭

約翰·凱發明了飛梭
（棉紡織機的零件）後，
造成棉紗短缺。
後來哈格里夫斯發明了
珍妮紡紗機，
使得棉紗得以量產

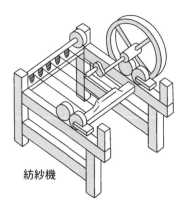

紡紗機

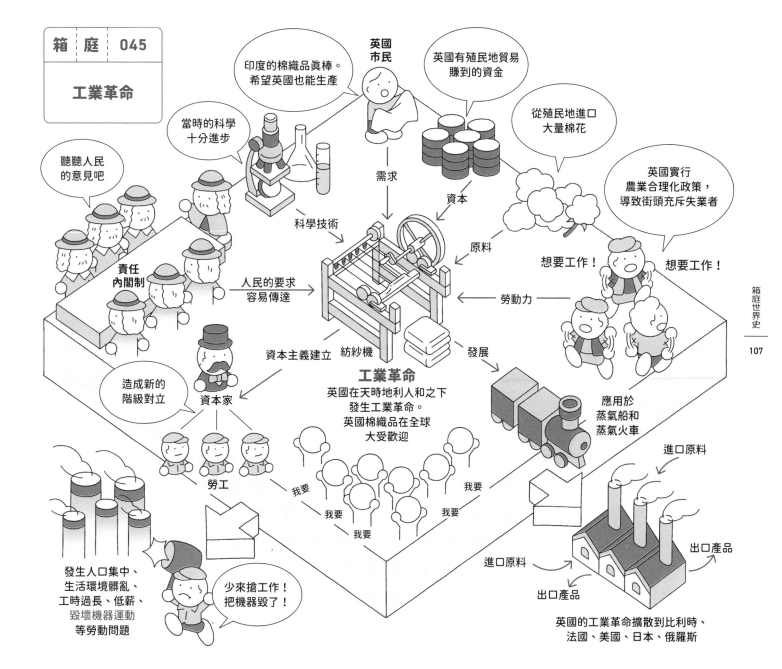

自**路易十四**（P96）的時代以來，**法國**在歐洲內外征戰無數，也廣受國際矚目，王朝的繁榮全都展現在豪華絢麗的**巴洛克式**建築——**凡爾賽宮**的興建上。

不過這項舉動也導致國家財政拮据。為了改善現狀，王室準備改革賦稅政策：稅金不再像過去一樣，只由**平民**（第三等級）負擔，就算是擁有特權的**神職人員**（第一等級）和**貴族**（第二等級）也要繳稅。

一七八九年五月，時任國王**路易十六**（1774～1792 在位）重新召開久未召開的**三級會議**（P60），企圖通過這項改革案——想當然耳，特權階級強烈反對。由於這些特權階級在決議方法上與**平民**代表產生分歧，爆發了激烈對立，三級會議無疾而終。就在此時，平民代表聚集在宮殿附近的**網球場**召開新的**國民議會**（1789～1791 年），宣誓除非制定憲法，否則絕不解散，這就是有名的「**網球場宣言**」。

同年七月十四日，巴黎民眾攻擊象徵暴政的**巴士底監獄**、發起武裝行動，就此點燃**法國大革命**（1789～1799 年）的導火線。

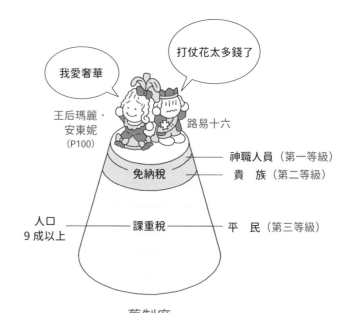

舊制度
法國大革命前的法國制度稱爲舊制度。
人口的 9 成以上是第三等級，
而法國國土有 3 成以上爲第一等級
和第二等級所有

召開睽違 175 年的
三級會議，但沒有
達成共識

向我們徵稅
未免太不像話！

希望神職人員和
貴族也能繳稅

打仗花
太多錢了

再更
奢華一點！

貴族和神職人員
也該繳稅！

也向神職人員
和貴族徵稅吧

路易十六

瑪麗·安東妮

貴族

財政總監
尼克

免納稅

神職人員
貴　族

神職人員

平民

那就必須
召開三級會議

課重稅

平　民

我們平民
自己召開
國民議會！

召開三級會議

舊制度

START

網球場宣言

巴士底
監獄

拿到武器了！
大家讓革命
成功吧

被趕出議場的平民
自行召開國民議會

人人平等

進攻巴士底監獄

進攻
巴士底！

箱　庭　046

法國大革命①
革命的導火線

人權
宣言

國民議會發表
人權宣言

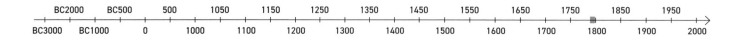

　　一七八九年七月下旬，農民受到**進攻巴士底監獄**（P108）一事刺激，紛紛在各地發起暴動。為了平息這些混亂，**國民議會**（P108）在八月初便決定廢除封建特權、取消農奴制。接著，政治家拉法葉（1757～1834年）起草《人權宣言》，宣示人類的自由、平等是不可剝奪的權利，法國的**舊制度**（P108）就此瓦解。

　　到了十月，婦女上街高呼「給我麵包」，發起凡爾賽遊行。此事迫使原本住在**凡爾賽宮**（位於巴黎郊外）的**路易十六**全家，移居到位於巴黎市內的杜樂麗宮。

　　一七九一年六月，害怕革命越演越烈的國王一家，計畫逃到王后瑪麗・安東妮的故鄉奧地利，卻在途中的瓦雷納遭到攔截、被帶回巴黎。法國民眾知道後，譴責國王的逃亡是「叛國」行為，高呼：「我們不需要國王！」

　　九月，法國制定了以君主立憲為主的《**一七九一年憲法**》；十月，決定召開立法會議（1791～1972年）。在此期間，奧地利和普魯士聯合發布**警告**，表示將介入法國大革命。

　　從此，法國大革命便從國內問題，進展為國際問題。

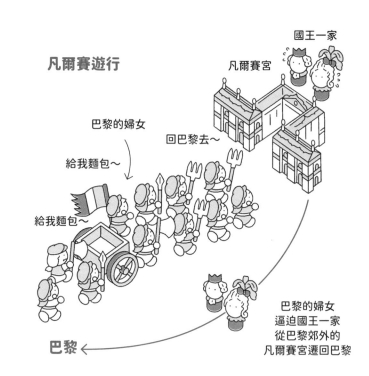

凡爾賽遊行

國王一家

凡爾賽宮

巴黎的婦女

回巴黎去～

給我麵包～

給我麵包～

巴黎 ←

巴黎的婦女逼迫國王一家從巴黎郊外的凡爾賽宮遷回巴黎

法國大革命② 國王出逃

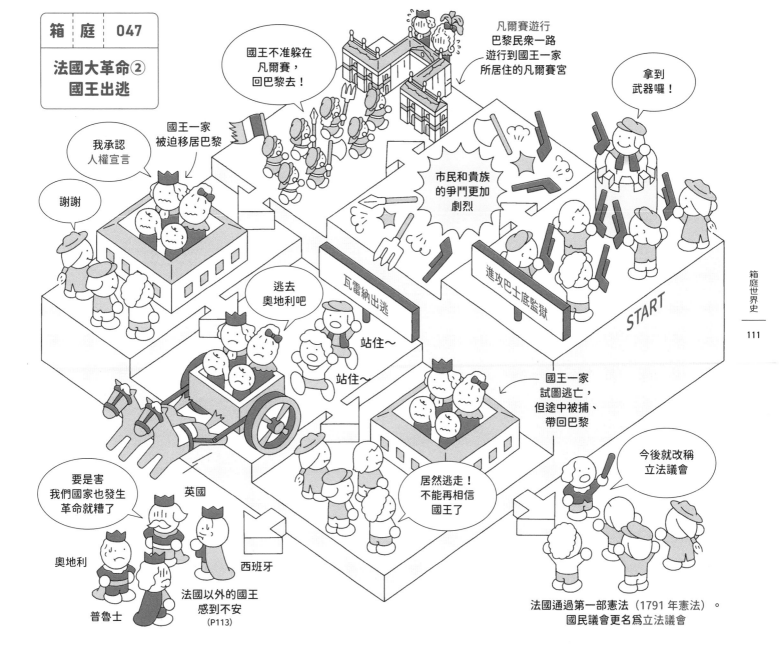

法國大革命③

就連國王也被送上了斷頭臺

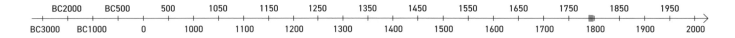

一七九二年四月，由**立法會議**組成的政府向發布**警告**、表示要干涉法國大革命（P110）的奧地利宣戰，沒想到屢戰屢敗，結果連普魯士也跨越國境進攻而來。

此時，全國高唱著革命歌曲《馬賽進行曲》的**義勇軍**（自發性的志願兵）開始集結在巴黎，不論是革命的激進勢力**雅各賓派**（山嶽派），或是保守的吉倫特派，都對義勇軍的大顯身手寄予厚望。

八月，前往凡爾賽宮的巴黎民眾以「路易十六是反革命分子」的名義**逮捕國王**（八月十日事件），王權就此崩解。

九月，義勇軍在**瓦爾密戰役**中擊敗來襲的普奧聯軍，而這場戰役也是革命政府的第一場勝利。之後，民眾召開了新的**國民公會**（1792～1795年），宣布廢除王權，法國史上第一個**共和制**政府——**第一共和**（1792～1804年）於此誕生。

隔年一月，路易十六被處死後，擔心革命擴散的鄰近各國組成了**第一次反法同盟**（1793～1797年），決心摧毀法國大革命。

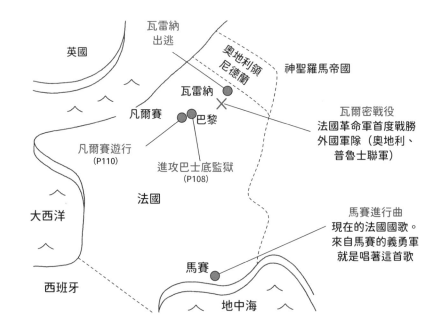

英國

瓦雷納
出逃

奧地利領
尼德蘭

神聖羅馬帝國

瓦雷納

凡爾賽

巴黎

瓦爾密戰役
法國革命軍首度戰勝
外國軍隊（奧地利、
普魯士聯軍）

凡爾賽遊行
（P110）

進攻巴士底監獄
（P108）

法國

大西洋

馬賽進行曲
現在的法國國歌。
來自馬賽的義勇軍
就是唱著這首歌

西班牙

馬賽

地中海

法國大革命③
處死國王

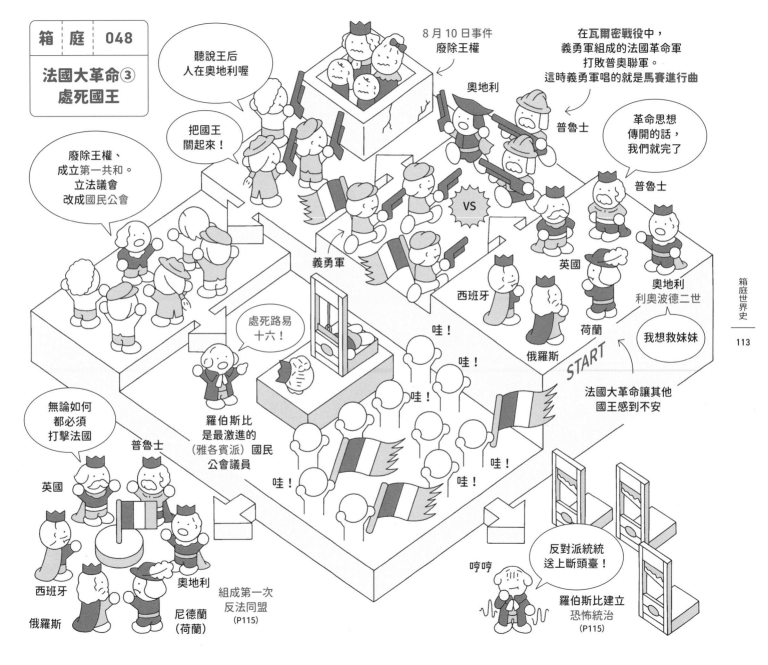

聽說王后人在奧地利喔

把國王關起來！

廢除王權、成立第一共和。立法議會改成國民公會

8月10日事件廢除王權

奧地利

普魯士

在瓦爾密戰役中，義勇軍組成的法國革命軍打敗普奧聯軍。這時義勇軍唱的就是馬賽進行曲

革命思想傳開的話，我們就完了

普魯士

義勇軍

VS

英國

西班牙

荷蘭

俄羅斯

奧地利利奧波德二世

我想救妹妹

處死路易十六！

羅伯斯比是最激進的（雅各賓派）國民公會議員

哇！

哇！

哇！

哇！

哇！

法國大革命讓其他國王感到不安

START

無論如何都必須打擊法國

普魯士

英國

西班牙

奧地利

俄羅斯

尼德蘭（荷蘭）

組成第一次反法同盟
（P115）

哼哼

反對派統統送上斷頭臺！

羅伯斯比建立恐怖統治
（P115）

049

法國大革命④

羅伯斯比的恐怖統治

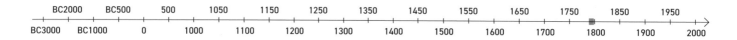

一七九三年初，**國民公會**（P112）在肯定義勇軍的功勞後，決定強制人民服役，也就是採取**徵兵制**。六月，激進勢力**雅各賓派**（P112）以「對抗**反法同盟**（P112）、建立保護革命的體制」為由，開始實施**獨裁**統治。

雅各賓派制定了包含男性普通選舉制度在內的《一七九三年憲法》（但並未實施），決定**無償廢除封建特權**，將土地分配給農民，還制定了**革命曆**和**最高價格法**。但另一方面，在雅各賓派領導者**羅伯斯比**（1758～1794年）

所實施的恐怖統治之下，竟有大約兩萬人是以「反革命分子」「有臥底嫌疑」等罪名被送上斷頭臺處死的。

最後，在一七九四年七月的**熱月政變**中，羅伯斯比被捕，結果連他自己也上了斷頭臺。雅各賓派的獨裁統治就此瓦解，交接給由五名督政官組成的**督政府**（1795～1799年）執政。只是督政府終究還是沒能為法國帶來安定。

近代

114

死在斷頭臺上的革命家

丹東
1759～1794

和羅伯斯比同屬雅各賓派（山嶽派）的革命家。從某個時期開始主張放鬆恐怖統治，結果被判處陰謀罪，遭羅伯斯比等人處死

埃貝爾
1757～1794

專門發行大眾化報紙，深受民眾支持。雖然隸屬雅各賓派，但是在廢除天主教運動等激進運動上與羅伯斯比等人對立，因而被處死

布里索
1754～1793

吉倫特派領導者，與羅伯斯比的雅各賓派相比之下較為保守的派別。在國民公會中與雅各賓派對立，因而和其他吉倫特派成員一起處死

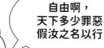

自由啊，天下多少罪惡假汝之名以行

羅蘭夫人
1754～1793

吉倫特派總部所在地的沙龍經營者。在吉倫特派和激進的雅各賓派對立失勢後，也被送上了斷頭臺

羅伯斯比
1758～1794

代表法國大革命的雅各賓派革命家。主導了公安委員會，奠定將所有反革命派可疑人士處死的恐怖統治。最後在熱月政變中遭到處死

聖茹斯特
1767～1794

羅伯斯比的有力助手，處死眾多反革命勢力和政敵，推動恐怖統治，並以美貌和冷血聞名。最後和羅伯斯比一起被送上斷頭臺

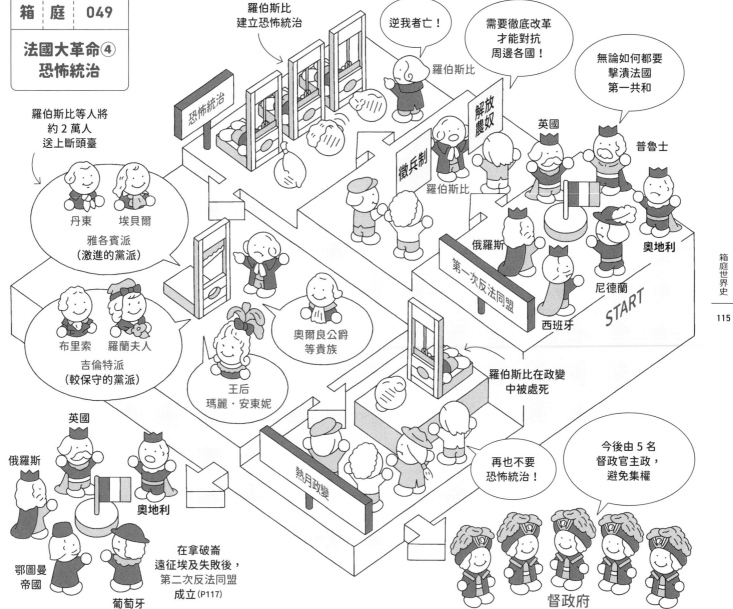

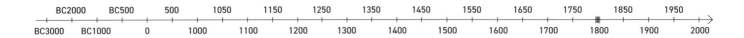

由五名督政官組成的**督政府**（P114）不久後便暴露出無能的本質。民眾對於社會依舊動盪不安感到不滿，於是發起暴動，要求「王政復辟」，令督政府驚慌失措。最後成功鎮壓這場暴動的，是軍人**拿破崙・波拿巴**（1769～1821年）。此後，督政府開始依靠拿破崙，甚至演變成凡事都仰賴他解決的狀態。

一七九七年，成功遠征義大利的拿破崙擊敗了**第一次反法同盟**（P112），名聲響遍各國。翌年，拿破崙遠征埃及（1798年），企圖截斷印度航道以重創英國；但最後英國在**尼羅河河口戰爭**（1798年）中取勝，將法國擋在埃及之外。此役過後，英國與俄羅斯、奧地利等國組成第二次反法同盟（1799年）。

拿破崙得知第二次反法同盟成立的消息後，發動了**霧月政變**，直接推翻了無能的督政府、建立**執政府**（1799～1804年）。**法國大革命**（P108）至此正式畫下句點。

拿破崙保護了天主教、鞏固民心，在一八○二年舉辦的第一次**公民投票**中成為終身執政。一八○四年，他在現行法律下制定了保障平等和私有財產的《**民法典**》（也稱《拿破崙法典》）；並經由公民投票成為**皇帝拿破崙一世**（1804～

1814年、1815年在位），開創了**法蘭西第一帝國**。

拿破崙全盛時期

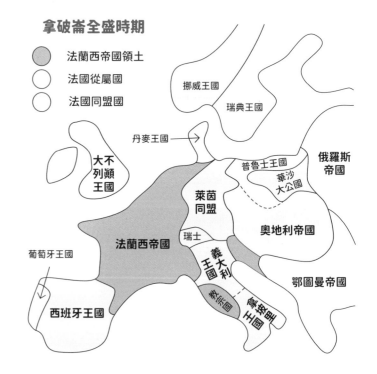

- 法蘭西帝國領土
- 法國從屬國
- 法國同盟國

挪威王國
瑞典王國
丹麥王國
大不列顛王國
普魯士王國
華沙大公國
俄羅斯帝國
萊茵同盟
奧地利帝國
瑞士
法蘭西帝國
義大利王國
葡萄牙王國
教宗國
那不勒斯王國
鄂圖曼帝國
西班牙王國

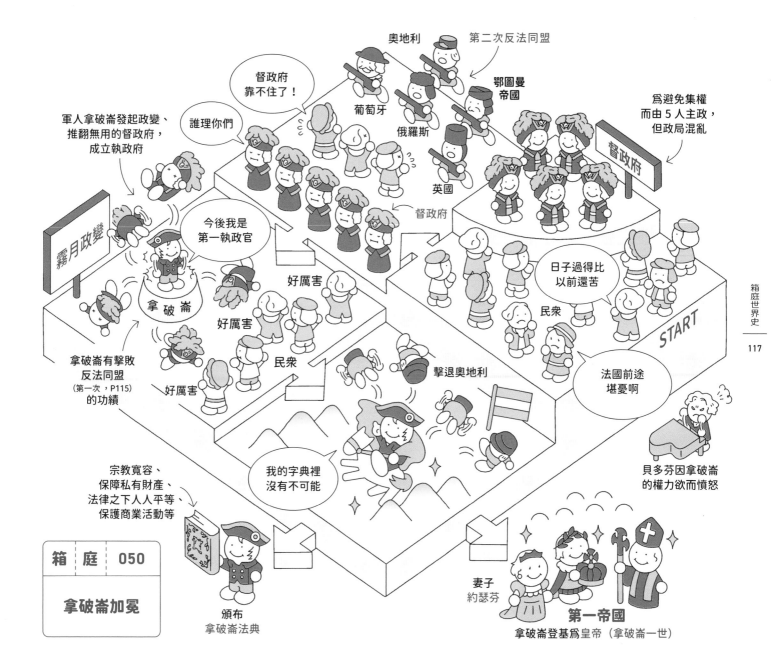

051

拿破崙垮臺

民族會戰與流放厄爾巴島

一八○四年，**拿破崙**以皇帝之姿建立了**法蘭西第一帝國**（P116）。隔年，英國和奧地利、俄羅斯、瑞典便組成了第三次反法同盟。

一八○五年十月，儘管納爾遜中將（1758～1805年）率領英國海軍，在特拉法加海戰中擊敗法軍，但拿破崙所率領的法軍卻在同年十二月的奧斯特里茲戰役中，戰勝了奧地利和俄羅斯，導致反法同盟瓦解。慘敗的奧地利皇帝**法蘭茲二世**在隔年（1806年）放棄**神聖羅馬皇帝**的封號，**神聖羅馬帝國正式宣告終結**。勢如破竹的法軍接著又進攻普魯士，占領首都柏林。

為了趁勢打擊英國，法國在一八○六年頒布了《柏林敕令》，禁止歐洲各國與英國貿易，沒想到俄羅斯反倒開始和英國進行走私貿易。法國得知後，便派兵**遠征俄羅斯**（1812年），試圖予以制裁，結果以失敗告終。

這次失利點燃了**萊比錫戰役**（民族會戰，1813年）的戰火；一八一四年，**第四次反法同盟**（1813～1814年）逮捕了拿破崙、將他流放至**厄爾巴島**。

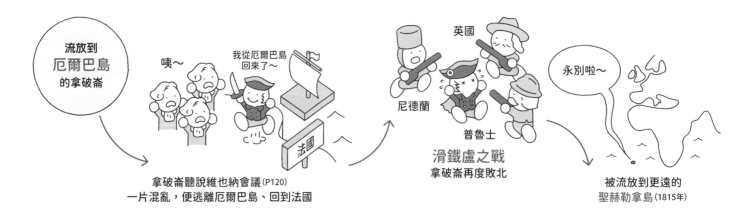

流放到厄爾巴島的拿破崙

咦～　我從厄爾巴島回來了～　法國

拿破崙聽說維也納會議(P120)一片混亂，便逃離厄爾巴島、回到法國

英國　尼德蘭　普魯士　滑鐵盧之戰　拿破崙再度敗北

永別啦～　被流放到更遠的聖赫勒拿島(1815年)

近代
118

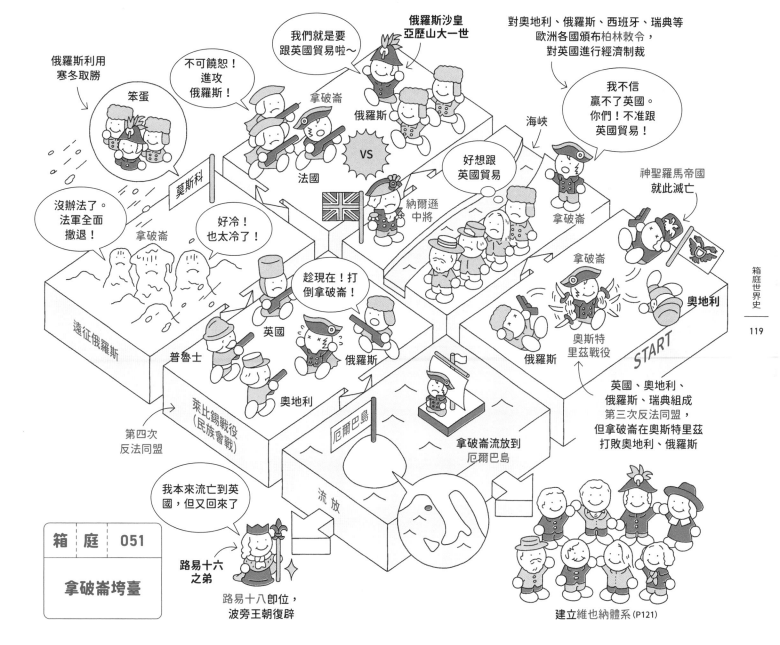

052

維也納體系的建立

開會不好好開會，跳什麼舞！

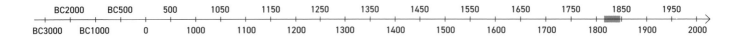

拿破崙垮臺後，原本受拿破崙統治的國家紛紛從法國獨立。這些國家的統治者為了盡快恢復拿破崙以前的舊體制，召開了**維也納會議**（1814～1815年）。維也納會議原本是要討論各國的領土分配，沒想到與會者竟然夜夜開趴跳舞，導致會議毫無進展，遭諷為「**大會不行動，大會在跳舞**」。

會議是由奧地利外交大臣**梅特涅**（1773～1859年）所主持。首先，奧地利獲得義大利半島北方的倫巴底和威尼斯，而會中也決定由奧地利、普魯士等三十五個侯國與漢堡等四座自由城市（由神聖羅馬帝國皇帝直接管轄的城市）組成「**日耳曼邦聯**」（1815～1866年）。英國獲得南非的**開普殖民地**（P88）和錫蘭島；打敗拿破崙的俄羅斯獲得波蘭和芬蘭；荷蘭合併了比利時，從**尼德蘭七省聯合共和國**（P88）變成荷蘭王國；瑞士則是成為**永久中立國**。

此外，英國、奧地利、普魯士和俄羅斯組成了四國同盟，而英國以外的歐洲各國與俄羅斯，則是組成了神聖同盟（皆為1815年），以便各國在發生如法國大革命的國民革命時，可以互相協助。這個體系就稱為維也納體系（1815～1848年）。

在會中，法國外交大臣**塔列朗**（1754～1838年）提出了**正統主義**，也就是在**舊制度**和**君主專制**的基礎上，讓**波旁王朝**（P96）在法國復辟，徹底消除法國大革命的一切影響。但追求自由和平等的民眾無法接受君主專制，使得法國再度爆發七月革命和二月革命（P122）。對革命的激昂情緒頓時擴散開，帶來了整個歐洲的革命浪潮（民族之春，P122）。**希臘獨立**（P159）和**拉丁美洲各國獨立**（P148）就是這一系列運動的先驅。

法國的變遷

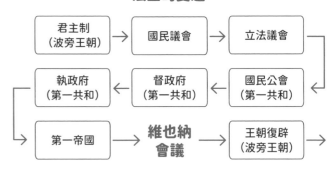

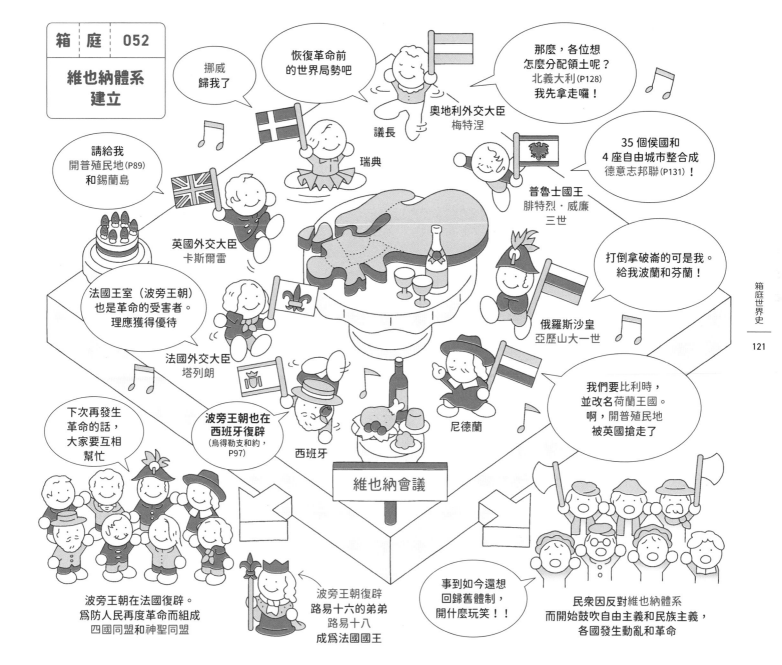

053

維也納體系瓦解

民族之春

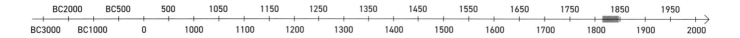

維也納會議結束後，法國**波旁王朝**復辟（P120），**路易十八**即位（1814～1824年在位）。繼任的**查理十世**（1824～1830年在位）則是恢復了**君主專制**。

但主張**自由主義**的民眾不願意接受君主專制，革命的浪潮就這樣再度席捲法國（**七月革命**，1830年）。

波旁王朝結束後，由身為大富豪的自由主義者**路易—菲利普**即位（1830～1848年在位），建立**七月王朝**。但由於路易—菲利普十分禮遇銀行家等大資本家，引起工廠經營者和勞工的不滿，於是一八四八年再度爆發了**二月革命**，七月王朝也隨之終結。

二月革命的影響擴散到整個歐洲，引發了日耳曼邦聯的**三月革命**（梅特涅遭奧地利流放，普魯士成立自由主義內閣）、**匈牙利獨立運動**、**義大利統一運動**等民族運動（民族之春）。**維也納體系**（P120）就此瓦解。

路易—菲利普失勢後，法國成立了**第二共和**（1848～1852年），但國家依舊沒能整合。最後，法國民眾選出了拿破崙的姪子**路易·拿破崙**（1808～1873年）為**總統**。

掌握實權的路易·拿破崙自稱為**拿破崙三世**（1852～1870年在位），建立了**法蘭西第二帝國**，並陸續贏得**克里米亞戰爭**（P154）、**第二次鴉片戰爭**（P166）和**義大利統一戰爭**（P128），成功贏得民心。

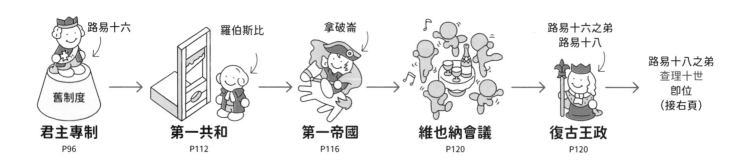

路易十六　　　　　　　羅伯斯比　　　　　拿破崙　　　　　　　　　　　　　　路易十六之弟　　　　　路易十八之弟
　　　　　　　　　　　　　　　　　　　　　　　　　　　　　　　　　　　　　　路易十八　　　　　　　查理十世
　　即位
舊制度　　（接右頁）

君主專制　　　　**第一共和**　　　　**第一帝國**　　　　**維也納會議**　　　　**復古王政**
P96　　　　　　　　P112　　　　　　　P116　　　　　　　P120　　　　　　　P120

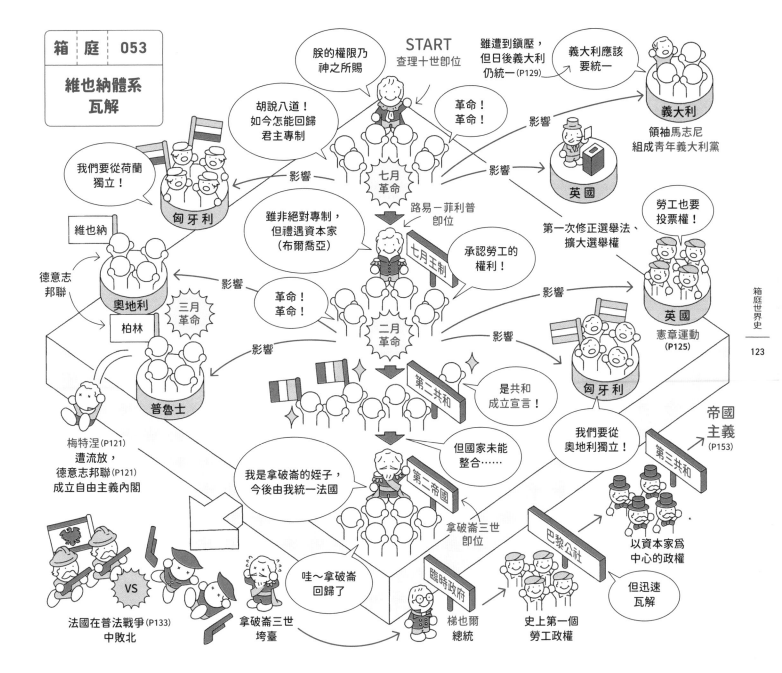

近代

124

就在法國大革命越演越烈之際，**工業革命**（P106）成功的英國累積了龐大的財富。這是因為他們從殖民地進口原料、用最新的機器製造產品，再將產品銷往世界各地。

到了**維多利亞女王**（1837～1901年在位）的時代，英國迎來全盛時期，而這段時期也被稱為**不列顛治世**（Pax Britannica）。

傳統上來說，英國議會所擁有的政治實權比國王更高（國王當政但不統治，P92），因此民眾的意見較容易傳達給政府，這也是英國繁榮強盛的一大原因。

英國議會的特徵是**兩黨制內閣**，保守黨負責帝國主義式的外交政策，**自由黨**則負責維護民生。在這個時期，大多是由保守黨的**迪斯雷利**（1804～1881年）和自由黨的**格萊斯頓**（1809～1898年）交互執政。

迪斯雷利從埃及收購蘇伊士運河公司股票（P162）、建立印度帝國（P160），對英國的勢力擴張貢獻良多。至於**格萊斯頓**，則是修改選舉法、設立公立學校、制定工會法，對民主化貢獻深遠。

此外，格萊斯頓主張英國治下的**愛爾蘭**應當擁有自治權，但在當時並未獲得認可。**愛爾蘭問題**就這樣一直拖到二十世紀（請見下圖）。

如鯁在喉

直到20世紀都未能解決的愛爾蘭問題，對英國來說始終如鯁在喉

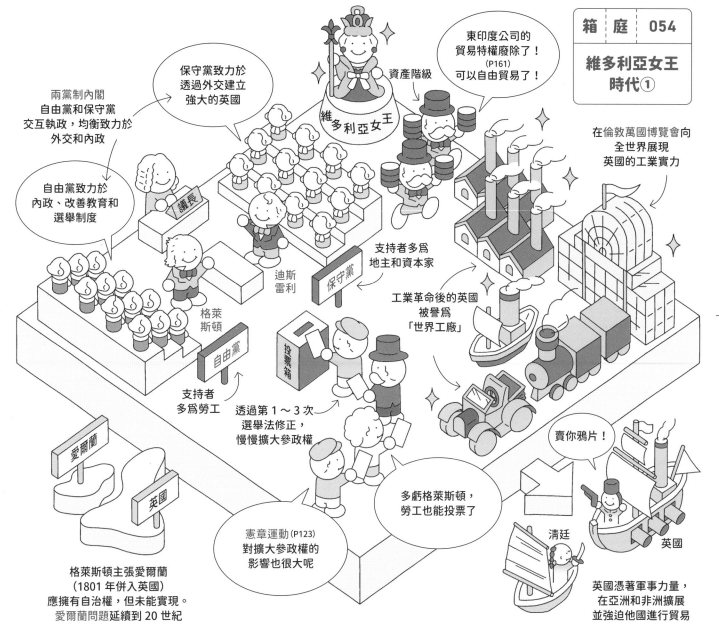

兩黨制內閣
自由黨和保守黨
交互執政，均衡致力於
外交和內政

保守黨致力於
透過外交建立
強大的英國

東印度公司的
貿易特權廢除了！
(P161)
可以自由貿易了！

資產階級

在倫敦萬國博覽會向
全世界展現
英國的工業實力

自由黨致力於
內政、改善教育和
選舉制度

議長

維多利亞女王

迪斯雷利

保守黨

支持者多為
地主和資本家

工業革命後的英國
被譽為
「世界工廠」

格萊斯頓

自由黨

支持者
多為勞工

透過第 1～3 次
選舉法修正，
慢慢擴大參政權

投票箱

賣你鴉片！

愛爾蘭

英國

憲章運動(P123)
對擴大參政權的
影響也很大呢

多虧格萊斯頓，
勞工也能投票了

清廷

英國

格萊斯頓主張愛爾蘭
（1801 年併入英國）
應擁有自治權，但未能實現。
愛爾蘭問題延續到 20 世紀

英國憑著軍事力量，
在亞洲和非洲擴展
並強迫他國進行貿易

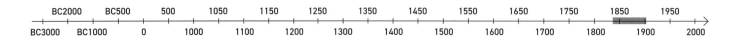

在**維多利亞女王**（P124）的時代，英國**自由黨**的**格萊斯頓**（P124）負責維護國內民生、**保守黨**的**迪斯雷利**（P124）負責帝國主義式的外交政策，英國就憑著**兩黨制**（P124）提升了國力。

在保守黨執政時，首相迪斯雷利企圖鞏固通往大型市場印度的航道。因此他從當時陷入財政困境的埃及政府手中收購了**蘇伊士運河公司**的股票，對埃及大力施壓。此外，迪斯雷利還建立了**印度帝國**（由維多利亞女王兼任皇帝，P160），奠定殖民體制。印度帝國這個金融和製造業的大型市場，為英國賺進了龐大的財富。

不只如此，英國還打贏了**鴉片戰爭**（P166），與中國簽署了對英國片面且極為有利的條約。

英國在發展**金本位制**（以黃金為通貨價值基準的制度）的基礎上，決定進占非洲，以取得更多黃金和鑽石，並於一九一○年建立了南非聯邦，做為英國的自治領。此外，也在東南亞統治了**馬來聯邦**（1895年），並擁有**紐西蘭**、**澳大利亞**、**加拿大**做為自治領，不斷擴大勢力範圍（**第二次殖民帝國**）。不僅如此，英國贏得**克里米亞戰爭**（P154）、成功阻止俄羅斯南下，也是發生在此時期的事。

雖然稍稍落後英國，但法國、德國等周邊國家等到國內革命塵埃落定後，也紛紛開始投入製造業、競相推動殖民政策。**帝國主義時代**的序幕正式於十九世紀末揭開。

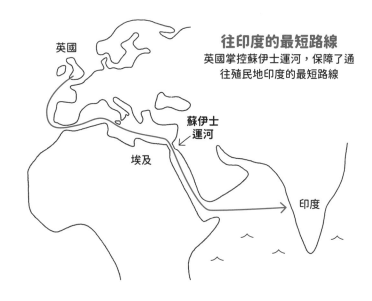

往印度的最短路線
英國掌控蘇伊士運河，保障了通往殖民地印度的最短路線

英國
蘇伊士運河
埃及
印度

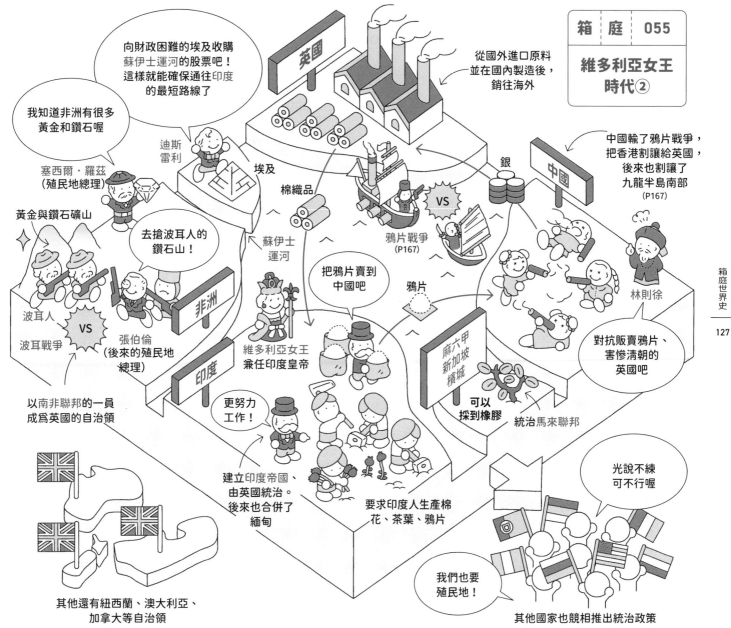

義大利統一

維多·伊曼紐二世的野心

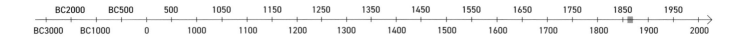

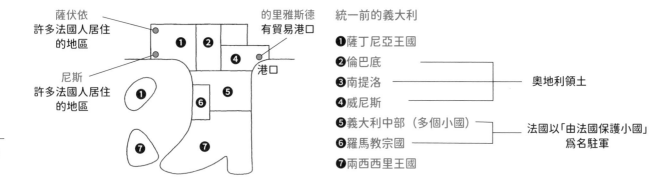

薩伏依
許多法國人居住
的地區

的里雅斯德
有貿易港口

尼斯
許多法國人居住
的地區

港口

統一前的義大利

❶薩丁尼亞王國

❷倫巴底

❸南提洛 ── 奧地利領土

❹威尼斯

❺義大利中部（多個小國） ── 法國以「由法國保護小國」

❻羅馬教宗國　　　　　　　　為名駐軍

❼兩西西里王國

　　義大利原本並不是統一的國家，而是有許多小國林立（如上圖所示）。

　　義大利統一運動是由位於義大利北方的工業國家❶薩丁尼亞王國的國王維多·伊曼紐二世（1849～1861年在位）和首相加富爾（1810～1861年）聯手推動的。

　　他們先是與法國的拿破崙三世（P122）協議，共同向奧地利宣戰，奪得當時由奧地利統治的❷倫巴底（義大利統一戰爭，1859年）。隔年，將有許多法國人（母語為法語）居住的薩伏依和尼斯讓渡給法國，但相對的，法國必須承認薩丁尼亞王國領有❺義大利中部。

　　就在此時，義大利南方的革命家加里波底（1807～

1882年）打敗了古老的❼兩西西里王國王室，掌握該國實權。加里波底將兩西西里王國無償獻給維多·伊曼紐二世，於是南北義大利統一，義大利王國誕生（1861年）。

　　之後，義大利王國仿效普魯士的軍事編制，又陸續奪取的里雅斯德以外的❹威尼斯和❻羅馬教宗國（併吞威尼斯，P130；占領教宗國，P132）。

　　至此，義大利統一運動只剩下❸南提洛和的里雅斯德尚未收復。

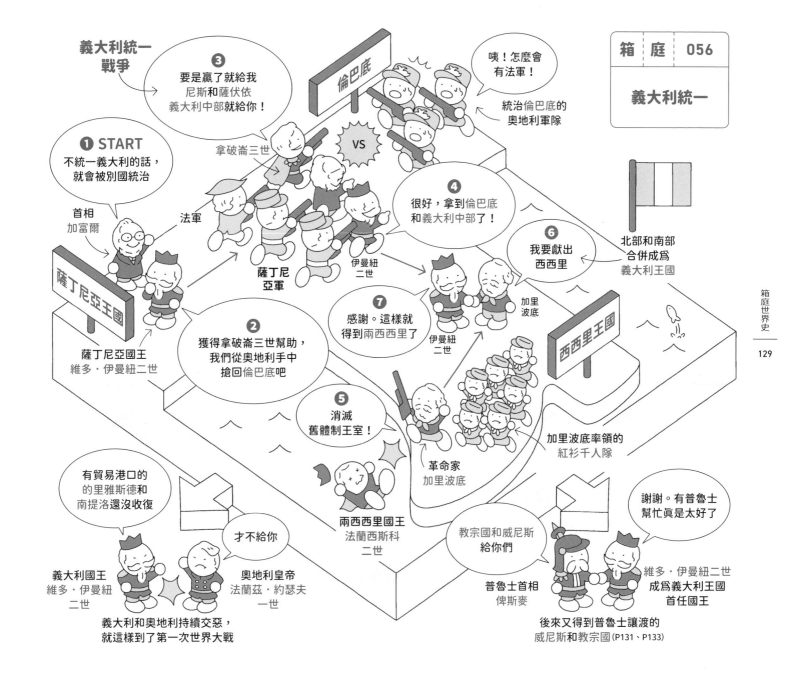

雖然德國在**維也納會議**中蛻變為**日耳曼邦聯**（P120），但由於**奧地利**和**普魯士**這兩個國家都在爭奪日耳曼邦聯的主導權，導致向心力不足。

　　致力於發展軍事的普魯士首相俾斯麥（1862～1890年在位）為了突破這種狀況，果斷執行「**當代的重大問題不是透過決議，而是要用鐵和血來解決**」的鐵血政策，在普奧戰爭（1866年）中擊敗了奧地利，建立由普魯士主導的**北日耳曼邦聯**（1867～1871年），原本的日耳曼邦聯也隨之解體。而在普奧戰爭中支持普魯士的**義大利王國**（P128），則是獲得普魯士所讓渡的**威尼斯**（併吞威尼斯）。

　　接著，俾斯麥發動普法戰爭、**進攻法國**（P132）。**德國南部**的小國雖然沒有加入北日耳曼邦聯，並保有獨立地位，卻仍被迫和俾斯麥率領的**北日耳曼邦聯**一同對抗法國（P132）。

　　就這樣，俾斯麥就此實現了以普魯士為中心的**統一**大願。

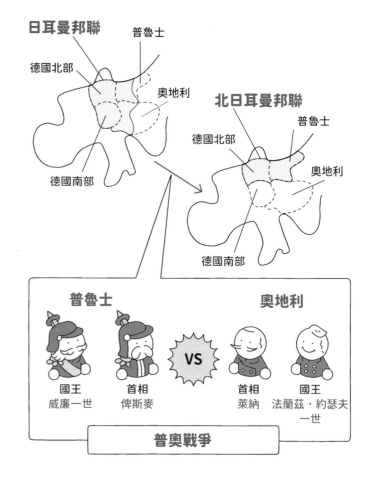

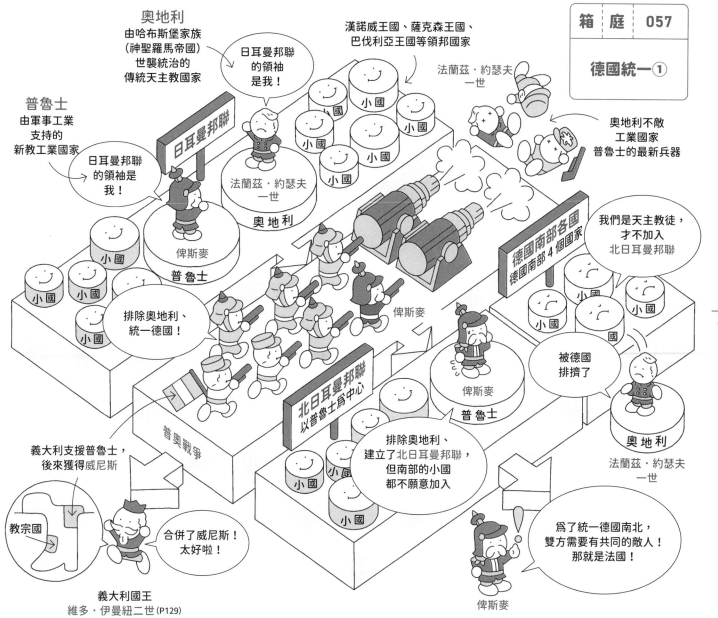

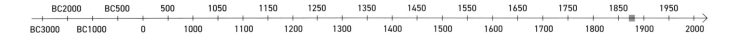

目標是統一德國的**俾斯麥**（P130）向法國的**拿破崙三世**（P122）宣戰，發起普法戰爭（1870 年）。在這之前不願跟從**北日耳曼邦聯**、保持獨立的南部各國，為了抵抗法國的攻勢，不得不加入俾斯麥率領的北日耳曼邦聯。

在普法戰爭中大勝的德國，不但從法國手中獲得了有豐富煤礦的**亞爾薩斯─洛林地區**，俾斯麥還在**凡爾賽宮**宣布德國統一、成立德意志帝國（1871 ～ 1918 年）。

另一方面，拿破崙三世因普法戰爭的落敗而失勢，撤離原本由法國統治的教宗國，義大利則趁機成功占領教宗國（1870 年），讓義大利統一運動的拼圖只剩下南提洛與的里亞斯德兩片（P128）。

俾斯麥為了防止法國反攻，和俄羅斯、奧地利組成**三帝同盟**，又和義大利、奧地利組成**三國同盟**，逐漸孤立法國（俾斯麥體系，P174）。

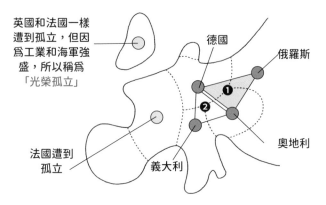

德意志帝國誕生後，德國爲防止法國反攻，和俄羅斯、奧地利組成三帝同盟（❶），和義大利、奧地利組成三國同盟（❷）。此一局勢稱爲俾斯麥體系

德國的變遷

東法蘭克王國 P44	神聖羅馬帝國 P44	拿破崙統治 P116	日耳曼邦聯 P120	北日耳曼邦聯 P130	德意志帝國

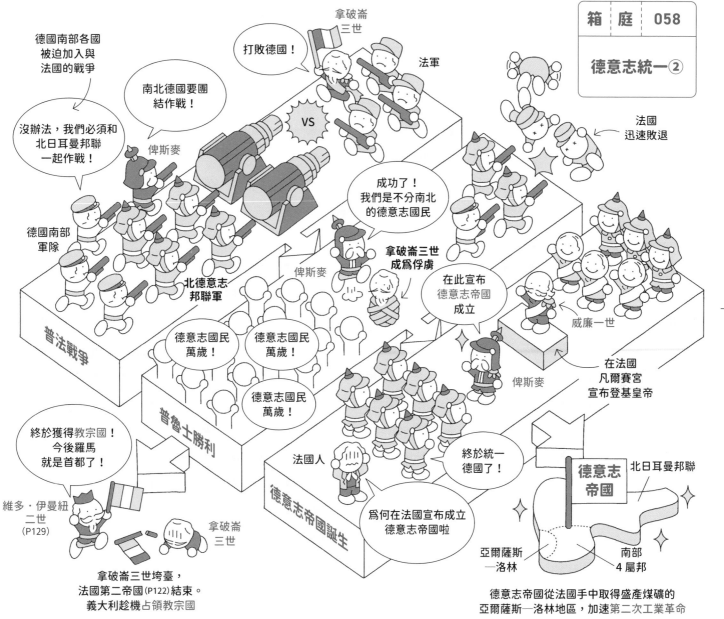

德意志統一②

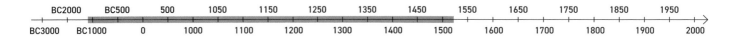

BC2000　BC500　500　1050　1150　1250　1350　1450　1550　1650　1750　1850　1950
BC3000　BC1000　0　1000　1100　1200　1300　1400　1500　1600　1700　1800　1900　2000

　　比美索不達米亞文明、埃及文明、印度河流域文明、中國文明稍晚，位於現今墨西哥灣附近的地區出現了**中美洲文明**；另外，在南美大陸則出現了**安地斯文明**。

　　中美洲文明始於以**巨石頭像**聞名的**奧爾梅克文明**（建立於約前 1200 年）。接著，出現了以**馬雅神廟**和**馬雅文字**聞名的**馬雅文明**（約前 1000 年～）、以**太陽金字塔**聞名的**特奧蒂瓦坎文明**（前 1 年～後 6 世紀）。最後，**阿茲特克王國**（14 ～ 16 世紀）統一了這一帶，建立了擁有**阿茲特克文字**、**太陽曆**等的阿茲特克文明。

　　另一方面，南美大陸的**安地斯文明**則是始於**查文文化**（約前 1000 年～），接著又出現了以**納斯卡線**聞名的納斯卡文明。最後，**印加帝國**（15 ～ 16 世紀）統一南美洲。印加帝國由被認為是太陽化身的國王統治，建立了以馬丘比丘為代表的**印加文明**。

　　十六世紀，**阿茲特克文明**和**印加文明**在美洲大陸成熟發展之際，歐洲也適逢**大航海時代**（P74）。來自**西班牙的征服者**（15 ～ 17 世紀時到達並征服美洲、亞洲等地區的西班牙軍人及探險家，P136）為了獲得白銀和農作物，登上了美洲大陸。

中美洲文明

奧爾梅克文明

巨石頭像

特奧蒂瓦坎文明

太陽金字塔

馬雅文明

馬雅文字

馬雅神廟

阿茲特克文明

阿茲特克文字

太陽曆

安地斯文明

查文文化

美洲獅形壺

納斯卡文化

納斯卡線

印加文明

馬丘比丘

創世神維拉科查

結繩記事

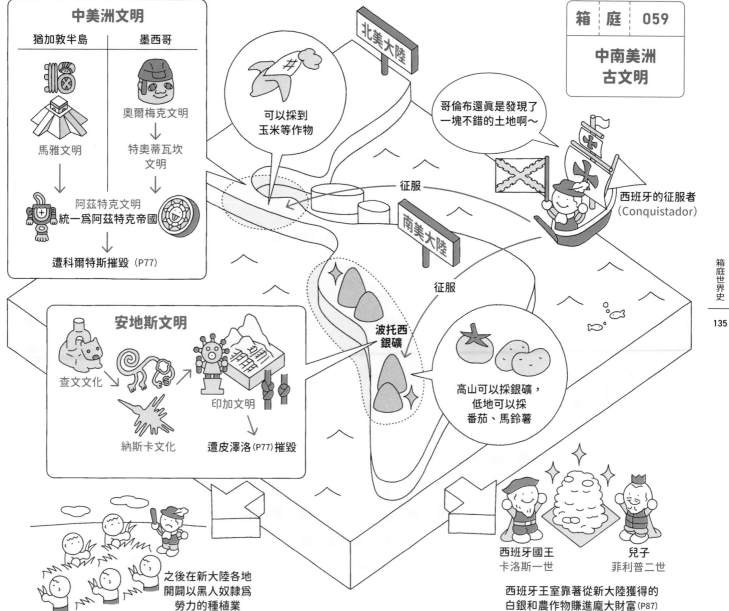

中美洲文明

猶加敦半島	墨西哥
馬雅文明	奧爾梅克文明
↓	↓
	特奧蒂瓦坎文明

阿茲特克文明
統一爲阿茲特克帝國
↓
遭科爾特斯摧毀 (P77)

安地斯文明

查文文化 → 印加文明

納斯卡文化

印加文明
↓
遭皮澤洛(P77)摧毀

北美大陸

可以採到玉米等作物

哥倫布還真是發現了一塊不錯的土地啊～

征服

南美大陸

征服

波托西銀礦

西班牙的征服者
(Conquistador)

高山可以採銀礦，
低地可以採
番茄、馬鈴薯

之後在新大陸各地
開闢以黑人奴隸爲
勞力的種植業

西班牙國王
卡洛斯一世

兒子
菲利普二世

西班牙王室靠著從新大陸獲得的
白銀和農作物賺進龐大財富(P87)

　　十六世紀，獲得**西班牙女王伊莎貝拉**贊助的**哥倫布**（P76）一行人，抵達了**美洲新大陸**的聖薩爾瓦多島。

　　接著，西班牙陸續將**征服者**送到美洲大陸：科爾特斯（1485～1547年）征服了**阿茲特克帝國**（P134），皮澤洛（約1470～1541年）則征服了**印加帝國**（1533年，P134）。除了葡萄牙統治的巴西以外，西班牙支配了整個中南美洲。

　　一開始，以西班牙人為首的歐洲人，僱用了當地原住民在**波托西銀礦**和農場工作，沒想到原住民卻因為過勞和歐洲人帶來的傳染病紛紛死去，導致人力銳減。為了彌補缺乏的勞動力，歐洲人用船從非洲載運許多**黑人奴隸**到美洲，讓他們在種植甘蔗、棉花、菸草的大農莊工作，並將這裡所生產的商品運送到歐洲，讓歐洲人賺進龐大的財富。這樣的結構就稱為**大西洋三角貿易**（P94）。

　　到了十七世紀，英國、法國正式踏上美洲大陸，將歐洲的殖民地拓展到北美洲：英國建立了北美十三州，法國則是殖民加拿大和路易斯安那（P138）。

　　十八世紀時，大西洋三角貿易在英國的主導下擴大規模，儘管歐洲各國受惠良多，但人力遭到剝奪的非洲，卻因此停止了發展。

大西洋三角貿易

砂糖
咖啡豆
棉花
白銀……

歐洲

美洲大陸

雜貨品

武器

奴隸

非洲

- 英國領土
- 法國領土
- 西班牙領土
- 葡萄牙領土
- 荷蘭領土

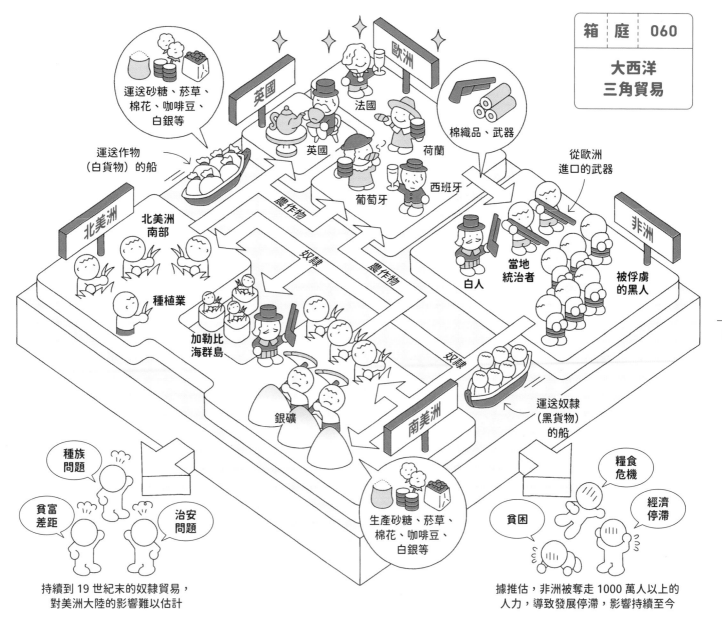

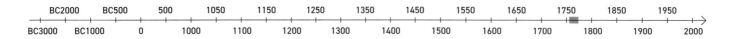

十七世紀時，英國在北美大陸東岸建立了**維吉尼亞殖民地**。

後來，在英國本土遭到迫害的**清教徒**（P90）來到這裡，在維吉尼亞旁邊建立了**新英格蘭殖民地**（包括麻州等地）。直至十八世紀上半葉，英國又陸續建立了紐約、喬治亞等殖民地，這些殖民地合稱北美十三州。

法國占領加拿大後，在北美十三州西側建立了廣大的**路易斯安那殖民地**（1682年），導致英國和法國發生領土糾紛，引爆**英法北美戰爭**（1754～1763年）。獲勝的英國占領了加拿大、密西西比河以東的路易斯安那，以及佛羅里達。

但英國也因為這場戰爭負債累累，陷入財政困境。英國打算向殖民地課徵重稅、重建財政，卻引起無權參加英國本土議會的殖民地民眾強烈反彈，喊出「**無代表，不納稅**」的口號。

一七七三年十二月的某個晚上，殖民地民眾將堆在英國東印度公司船上的茶葉箱丟進海裡、引發**波士頓茶葉事件**（1773年）。而就在此事件發生的數年後，**美國獨立戰爭**隨之爆發（P140）。

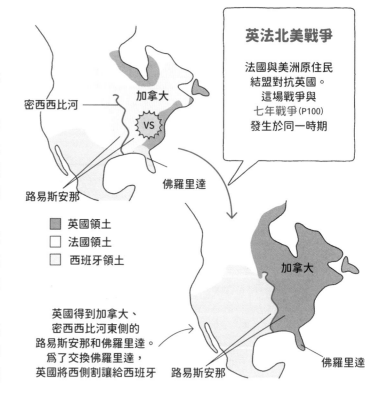

英法北美戰爭

法國與美洲原住民結盟對抗英國。這場戰爭與七年戰爭（P100）發生於同一時期

密西西比河

加拿大

VS

路易斯安那

佛羅里達

■ 英國領土
□ 法國領土
□ 西班牙領土

英國得到加拿大、密西西比河東側的路易斯安那和佛羅里達。為了交換佛羅里達，英國將西側割讓給西班牙

加拿大

佛羅里達

路易斯安那

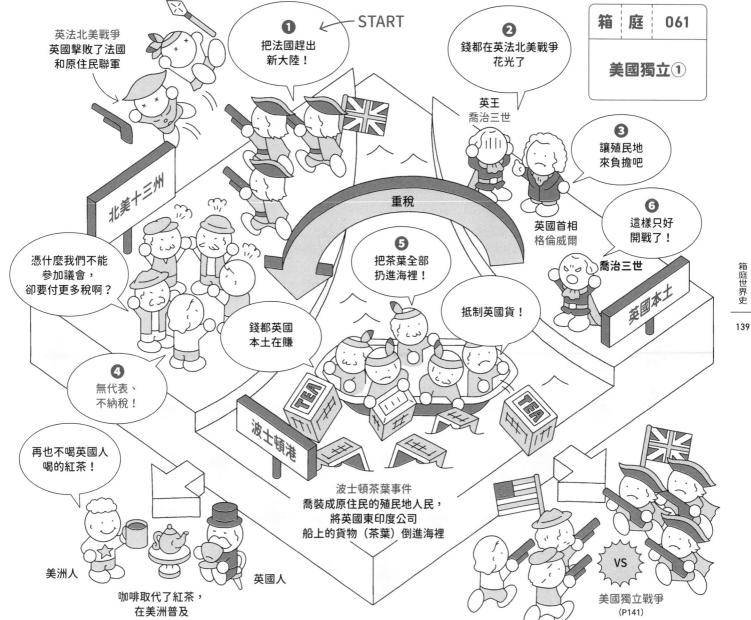

美國獨立②

美國獨立宣言

　　英法兩國在北美持續多年的殖民地戰爭，最後由**英法北美戰爭**（P138）畫下句點。接著，英國本土和**北美十三州**（P138）之間又因為自治問題，使得雙方的對立日漸加深。

　　一七七五年，**美國獨立戰爭爆發**（1775～1783年）。在由北美十三州各代表組成的**大陸會議**上，維吉尼亞殖民地代表華盛頓（1732～1799年）擔任總司令。隔年，哲學家**湯瑪斯‧潘恩**（1737～1809年）發行了小冊子《常識》，向殖民地民眾宣揚獨立的必要性；而在**湯瑪斯‧傑弗遜**（1743～1826年，維吉尼亞殖民地代表）起草的《獨立宣言》發表（1776年）後，殖民地民眾的士氣大為振奮。

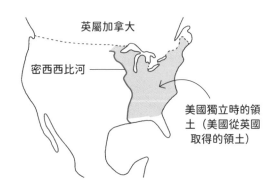

英屬加拿大

密西西比河

美國獨立時的領土（美國從英國取得的領土）

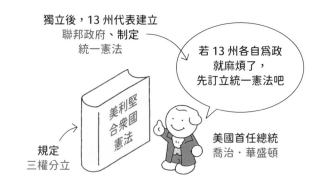

獨立後，13州代表建立聯邦政府、制定統一憲法

若13州各自為政就麻煩了，先訂立統一憲法吧

美利堅合眾國憲法

規定三權分立

美國首任總統喬治‧華盛頓

　　在英法北美戰爭中落敗的法國和西班牙見狀，便向英國宣戰；提防英國勢力的俄羅斯女皇**葉卡捷琳娜二世**（P102），也和周邊各國結為**武裝中立聯盟**，採取了有利於北美十三州的行動。

　　北美十三州聯軍起初雖然到英國壓制，但後來獲得各國援助，在**約克鎮圍城戰役**（1781年）中大獲全勝。美利堅合眾國的**獨立**正式透過《巴黎條約》（1783年）獲得承認。北美十三州獨立後，隨即制定《美利堅合眾國憲法》（1787年）。一七八九年，**華盛頓**就任**首任總統**，美國從此開啟**共和國**時代。

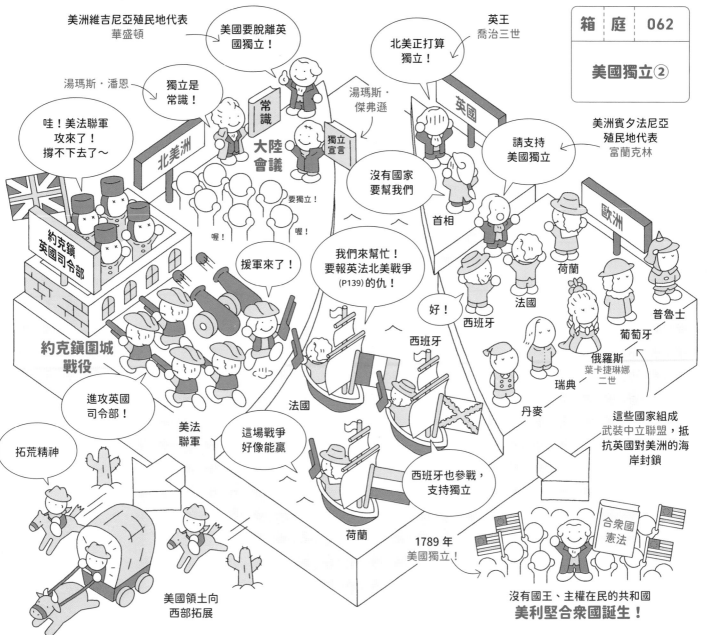

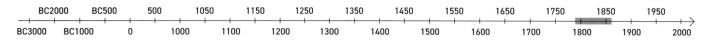

　　美利堅合眾國成功獨立後，便開始朝邊境地區、將領土向西逐步拓展。美國人認為，**西部拓荒**正是他們的**昭昭天命**（manifest destiny）。

　　在拓荒的同時，美國也向法國買下了密西西比河以西的路易斯安那；接著又向西班牙收購了佛羅里達；還趁德克薩斯脫離墨西哥獨立之際予以併吞；奧勒岡也在與英國的協議下，成為美國領土的一部分。

　　後來美國在美墨戰爭（1846～1848年，P148）中占領了加利福尼亞，並在當地發現金礦，吸引大量人潮湧入，帶來了**淘金熱**（1848年）。

　　美國的領土擴大後，南方和北方的爭執也開始浮上檯面。南方適合農業耕作，當地居民強迫許多奴隸在棉花農場勞動；北方工商業發達，北方居民希望解放奴隸，好讓他們也能成為工廠裡的勞工。然而南方強烈反對解放奴隸，導致南北矛盾加劇，最終發展成**南北戰爭**（P144）。

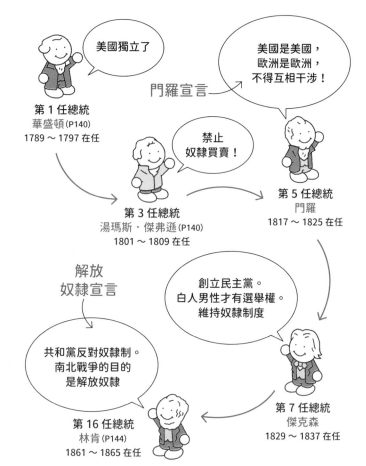

美國獨立了

第 1 任總統
華盛頓（P140）
1789～1797 在任

美國是美國，
歐洲是歐洲，
不得互相干涉！

門羅宣言

禁止
奴隸買賣！

第 5 任總統
門羅
1817～1825 在任

第 3 任總統
湯瑪斯・傑弗遜（P140）
1801～1809 在任

創立民主黨。
白人男性才有選舉權。
維持奴隸制度

解放
奴隸宣言

共和黨反對奴隸制。
南北戰爭的目的
是解放奴隸

第 7 任總統
傑克森
1829～1837 在任

第 16 任總統
林肯（P144）
1861～1865 在任

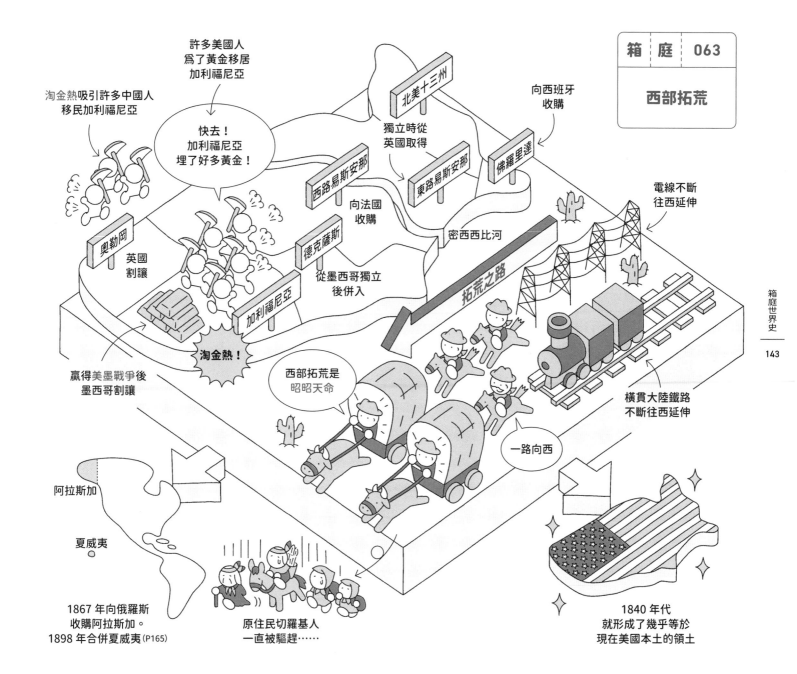

南北戰爭

民有，民治，民享

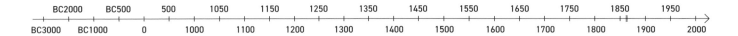

在適合農耕的美國**南方**，以棉花農場維生的地主多半大量蓄奴，以做為勞動力。另一方面，因工業革命使得工商業發達的北方，需要的不是奴隸制，而是自由的簽約勞工。因此北方很早就開始推動**奴隸解放運動**。

一八六一年，主張解放奴隸的**林肯**（1861～1865 年在任，隸屬共和黨）當選為美國**總統**後，南部的**傑弗遜·戴維斯**（1861～1865 年在任，隸屬民主黨）表示反對，宣布脫離**美利堅合眾國**，建立美利堅聯盟國（1861～1865 年）。於是，以工商業為重心的**美利堅合眾國**（北方），與以農業為中心的**美利堅聯盟國**（南方）對立加劇，點燃南北戰爭的戰火（1861～1865 年）。

戰爭初期，占優勢的是**南方**，北方的林肯便實施了《公地放領法》（1862 年），只要在某塊土地耕作五年以上，就能無償成為地主，而此法獲得美國**西部**的民眾支持。此外，林肯還發表了《解放奴隸宣言》（1863 年），將南北戰爭定調為「解放奴隸的戰爭」。

《解放奴隸宣言》發表後，局勢開始對北方大為有利。一八六三年，北方贏得關鍵的**蓋茨堡之役**，最後南方在一八六五年宣布投降，南北戰爭結束。而林肯所主張「**民有，民治，民享的政治**」，則是在蓋茨堡之役發生四個月後，於蓋茨堡當地演說時的名言。

南北戰爭結束後，以北方為中心，美國發生了**第二次工業革命**（P152），為了補足勞動力，也開始積極推動接納移民的政策。

南北戰爭後，
林肯在劇院內遭到
美利堅聯盟國（南方）的支持者暗殺

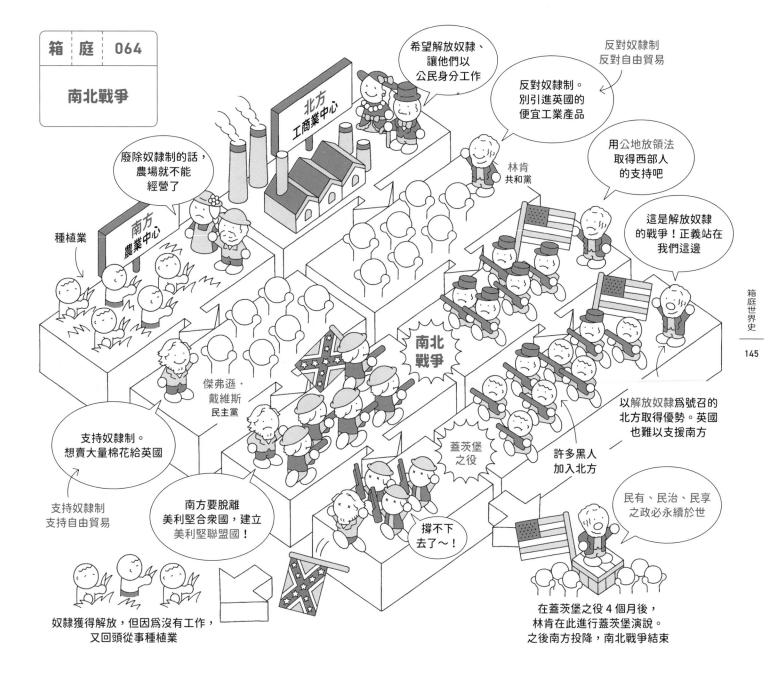

移民大國美利堅

追尋美國夢

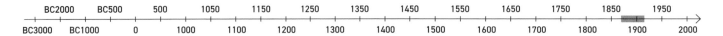

　　南北戰爭（P144）的結果，是以**工商業為中心**的北方勝利收場。此後，美國的鋼鐵業和機械工業大幅發展，引發了**第二次工業革命**（P152）。

　　一八六九年，美國第一條橫貫大陸鐵路開通。到了一八九○年代，美國已無所謂的**邊境地區**（P142）。美國就此超越英國和印度，成為世界第一工業強國。

　　在此過程中，美國面臨勞動力不足的問題，於是開始積極接受海外移民。到了一九一○年代，許多移民為了追尋美國夢而遠渡美國。比如在從英國航向美國的鐵達尼號上，廉價的三等房裡就有許多想移民到美國的人。

　　後來，美國為了開闢新市場而推行**殖民地政策**，和歐洲各國一樣，開始出現**帝國主義**（加勒比海政策，P150）的傾向。

近代

146

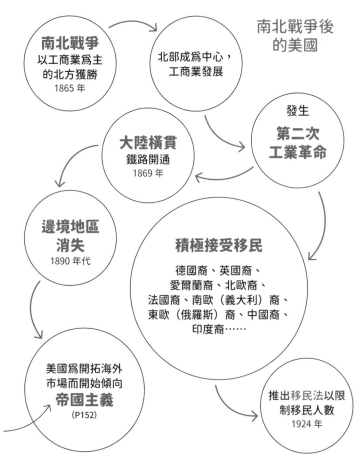

南北戰爭後的美國

南北戰爭
以工商業為主的北方獲勝
1865 年

北部成為中心，工商業發展

發生
第二次工業革命

大陸橫貫
鐵路開通
1869 年

邊境地區消失
1890 年代

積極接受移民
德國裔、英國裔、愛爾蘭裔、北歐裔、法國裔、南歐（義大利）裔、東歐（俄羅斯）裔、中國裔、印度裔……

美國為開拓海外市場而開始傾向
帝國主義
（P152）

推出移民法以限制移民人數
1924 年

美國以統治加勒比海為起點，推動帝國主義

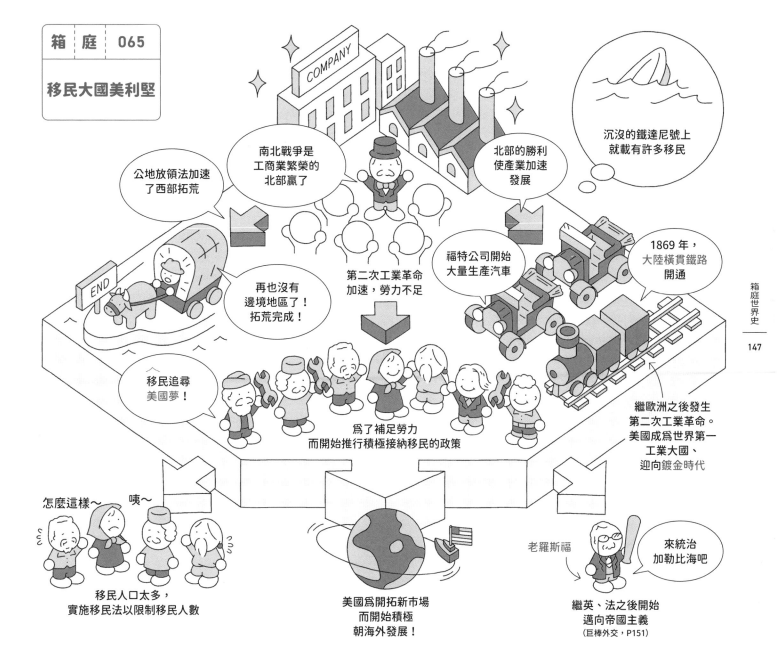

移民大國美利堅

COMPANY

公地放領法加速了西部拓荒

南北戰爭是工商業繁榮的北部贏了

北部的勝利使產業加速發展

沉沒的鐵達尼號上就載有許多移民

END

再也沒有邊境地區了！拓荒完成！

第二次工業革命加速，勞力不足

福特公司開始大量生產汽車

1869年，大陸橫貫鐵路開通

移民追尋美國夢！

為了補足勞力而開始推行積極接納移民的政策

繼歐洲之後發生第二次工業革命。美國成為世界第一工業大國、迎向鍍金時代

怎麼這樣～ 咦～

移民人口太多，實施移民法以限制移民人數

美國為開拓新市場而開始積極朝海外發展！

老羅斯福

來統治加勒比海吧

繼英、法之後開始邁向帝國主義（巨棒外交，P151）

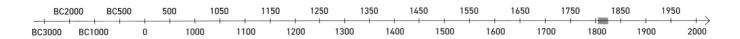

十八世紀初的**中南美洲**（拉丁美洲），是由西班牙、葡萄牙、法國分據統治。在此時期，有許多黑奴被迫在大莊園裡工作（大西洋三角貿易，P136）。但在**美國獨立革命**（P140）和**法國大革命**（P108）接連發生後，中南美洲也深受影響，獨立的時機逐漸成熟。

中南美洲第一個成功獨立的國家是**海地**。生為黑奴之子的杜桑‧盧維杜爾（1743～1803年）**宣布解放奴隸**後，其部下打敗了法軍，建立史上第一個**黑人共和國**。在海地**廢除了奴隸制**之後，反對奴隸制的浪潮便擴散至整個中南美洲。

後來，出生於殖民地的**土生白人**（克里奧爾人）西門‧玻利瓦（1783～1830年），陸續協助**委內瑞拉、哥倫比亞、厄瓜多、玻利維亞**等國的獨立運動，除了擊退西班牙，還引導各地獨立建國。

同一時期，在同樣身為克里奧爾人的聖馬丁（1778～1850年）努力之下，**阿根廷、智利、祕魯**獨立建國。

同樣是克里奧爾人的神父伊達爾戈（1753～1811年）可說為了墨西哥的獨立鞠躬盡瘁，最後擊敗西班牙，成功帶領墨西哥獨立。但墨西哥後來與美國發生領土紛爭，包

含**加利福尼亞**在內的大半部國土，在**美墨戰爭**（P142）後遭到美國奪取。

葡萄牙王子為了逃離**拿破崙**（P116 統治，流亡至葡萄牙的殖民地**巴西**。居留在當地的葡萄牙王子就此宣布巴西獨立，並以**佩德羅一世**（1822～1831年在位）之名登基為巴西皇帝。

就這樣，南美大陸相繼出現了許多獨立國家，但因致力於生產出口用的農作物，導致工業化速度緩慢，結果仍深受**南北戰爭**（P144）後的美國殖民地政策左右。

❶海地
1804年獨立

❷阿根廷
1816年獨立

❸智利
1818年獨立

❹委內瑞拉
1819年獨立

❺哥倫比亞
1819年獨立

❻墨西哥
1821年獨立

❼祕魯
1821年獨立

❽厄瓜多
1822年獨立

❾巴西
1822年獨立

❿玻利維亞
1825年獨立

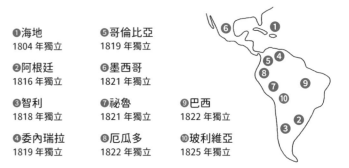

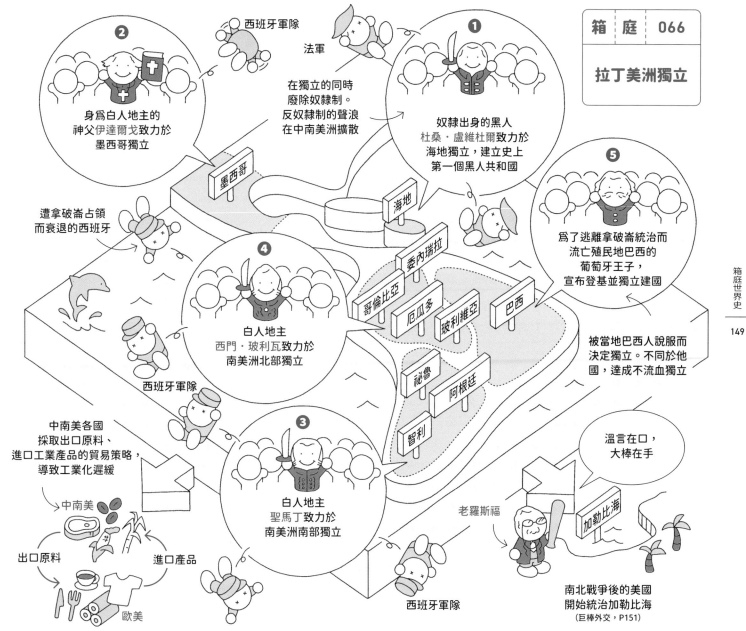

拉丁美洲獨立

❷
身為白人地主的
神父伊達爾戈致力於
墨西哥獨立

西班牙軍隊

法軍

在獨立的同時
廢除奴隸制。
反奴隸制的聲浪
在中南美洲擴散

❶
奴隸出身的黑人
杜桑‧盧維杜爾致力於
海地獨立，建立史上
第一個黑人共和國

❺
為了逃離拿破崙統治而
流亡殖民地巴西的
葡萄牙王子，
宣布登基並獨立建國

遭拿破崙占領
而衰退的西班牙

墨西哥

海地

委內瑞拉

哥倫比亞

厄瓜多

玻利維亞

巴西

❹
白人地主
西門‧玻利瓦致力於
南美洲北部獨立

被當地巴西人說服而
決定獨立。不同於他
國，達成不流血獨立

西班牙軍隊

祕魯

阿根廷

智利

中南美各國
採取出口原料、
進口工業產品的貿易策略，
導致工業化遲緩

❸
白人地主
聖馬丁致力於
南美洲南部獨立

中南美

出口原料

進口產品

歐美

老羅斯福

溫言在口，
大棒在手

加勒比海

南北戰爭後的美國
開始統治加勒比海
（巨棒外交，P151）

西班牙軍隊

西班牙軍隊

067

美國的加勒比海政策

老羅斯福的巨棒外交

當美國正值**南北戰爭**（P144）之際，**第二次工業革命**（P152）在歐洲發展的同時，**帝國主義**（P152）也隨之興起。歐洲各國都致力於取得殖民地。

美國在**邊境地區**消失的十九世紀末，也開始透過**加勒比海政策**統治加勒比海地區，展現出帝國化傾向。首先，總統**麥金利**（1897～1901年在任）干預西班牙殖民地**古巴**的獨立運動，並進一步發展為**美西戰爭**（1898年）。獲勝的美國得到了西班牙領土**菲律賓**和**關島**。雖然美國支持古巴獨立，但日後卻將其納為保護國。

繼任的總統**狄奧多·羅斯福**（老羅斯福，1901～1909年在任）則是支持隸屬哥倫比亞的**巴拿馬共和國**獨立。在他的主導下，在巴拿馬開鑿了連結太平洋和大西洋的**巴拿馬運河**（1914年開通）。這種隱約顯露出本國武力、介入他國內政的外交策略，就稱為**巨棒外交**。

總統**威爾遜**（1913～1921年在任）所實施的政策則稱為**傳道外交**，目的是要將民主主義扎根於「發展中國家」，是以「民主主義」做為干預他國內政藉口的外交政策。

除此之外，美國還多次於中南美各國召開**泛美會議**，逐步強化自己對中南美洲的影響力。

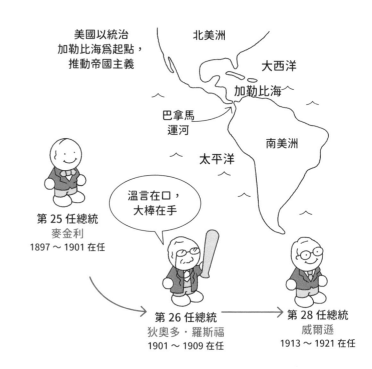

美國以統治加勒比海為起點，推動帝國主義

北美洲

大西洋

加勒比海

巴拿馬運河

南美洲

太平洋

溫言在口，大棒在手

第25任總統
麥金利
1897～1901在任

第26任總統
狄奧多·羅斯福
1901～1909在任

第28任總統
威爾遜
1913～1921在任

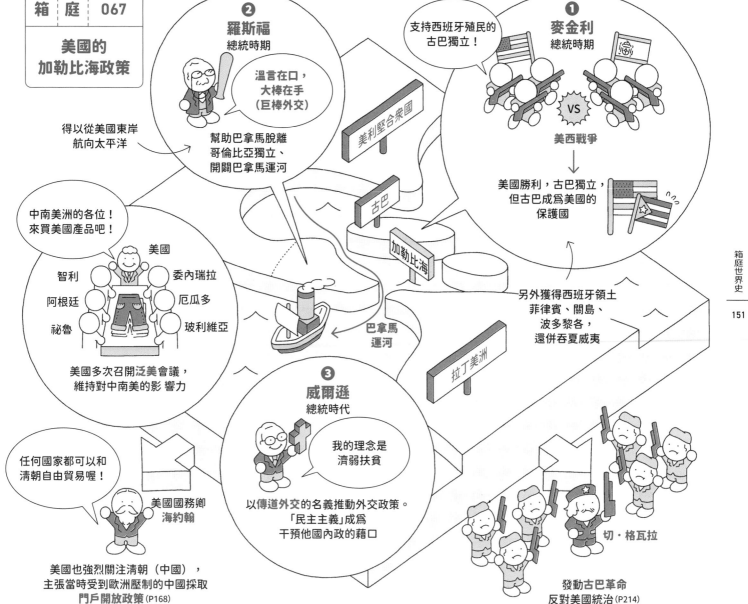

❷
羅斯福
總統時期

溫言在口，
大棒在手
（巨棒外交）

得以從美國東岸
航向太平洋

幫助巴拿馬脫離
哥倫比亞獨立、
開闢巴拿馬運河

支持西班牙殖民的
古巴獨立！

❶
麥金利
總統時期

VS

美西戰爭

美國勝利，古巴獨立，
但古巴成爲美國的
保護國

美利堅合衆國

古巴

加勒比海

中南美洲的各位！
來買美國產品吧！

美國

智利　　　　　委內瑞拉

阿根廷　　　　厄瓜多

祕魯　　　　　玻利維亞

美國多次召開泛美會議，
維持對中南美的影響力

巴拿馬
運河

拉丁美洲

另外獲得西班牙領土
菲律賓、關島、
波多黎各，
還併吞夏威夷

❸
威爾遜
總統時代

我的理念是
濟弱扶貧

以傳道外交的名義推動外交政策。
「民主主義」成爲
干預他國內政的藉口

任何國家都可以和
清朝自由貿易喔！

美國國務卿
海約翰

美國也強烈關注清朝（中國），
主張當時受到歐洲壓制的中國採取
門戶開放政策 (P168)

切·格瓦拉

發動古巴革命
反對美國統治 (P214)

068

帝國主義登場

採取殖民政策的歐洲

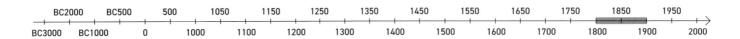

由英國發起的技術革新（工業革命，P106）不斷進步，在第二次工業革命中，燃料從煤炭換成石油，動力也從蒸汽機換成電力。

石油和電力帶來的是更大的產量，而大量生產所帶動的是販售更大量的商品，想開拓更大市場、取得更多資源的想法也應運而生。歐洲各國為了擴大市場和保障資源，積極在亞洲、非洲、新大陸拓展殖民地，邁向帝國主義之路。

十九世紀到二十世紀的殖民大國，非英國和法國莫屬。英國在**迪斯雷利內閣**（P124）成立後，開始致力發展殖民政策；法國則是在**第三共和**（P123）成立後開始殖民。當時光是這兩個國家所擁有的殖民地，就大約有一百國之多。

後來美國總統**麥金利**（P150）和**老羅斯福**（P150）、德國的年輕皇帝**威廉二世**（P174）、俄羅斯沙皇**尼古拉二世**（P182）等人也紛紛推動帝國主義。就連遙遠的日本也加入此一行列。

近代

152

成為帝國的英國與美國

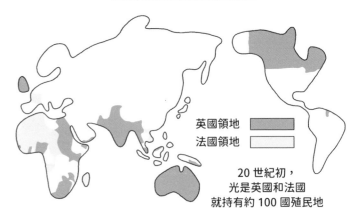

英國領地
法國領地

20世紀初，
光是英國和法國
就持有約100國殖民地

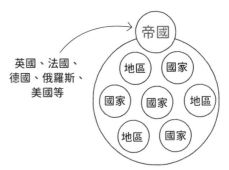

帝國

英國、法國、
德國、俄羅斯、
美國等

地區　國家
國家　國家　地區
地區　國家

帝國是指統治多個國家和地區的大國。
英國和法國成為帝國的代名詞

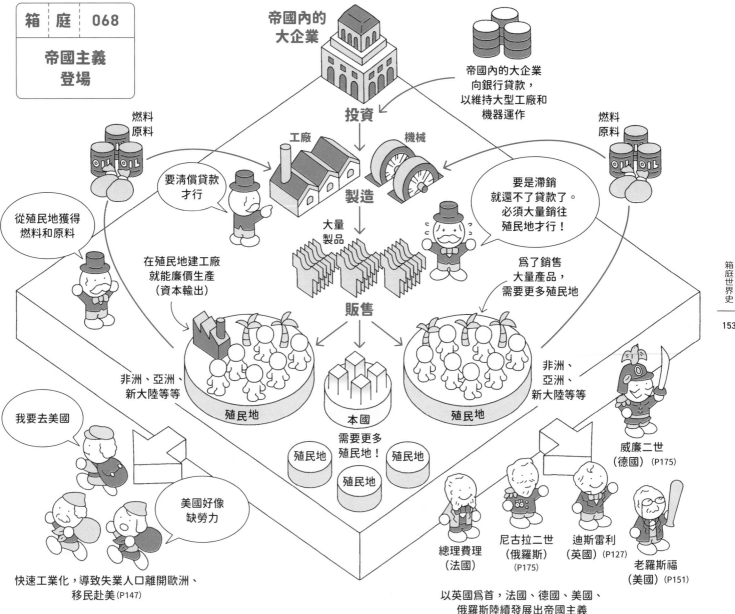

帝國內的大企業

帝國內的大企業向銀行貸款，以維持大型工廠和機器運作

燃料原料

燃料原料

投資

從殖民地獲得燃料和原料

要清償貸款才行

工廠

機械

製造

要是滯銷就還不了貸款了。必須大量銷往殖民地才行！

大量製品

在殖民地建工廠就能廉價生產（資本輸出）

為了銷售大量產品，需要更多殖民地

販售

非洲、亞洲、新大陸等等

本國

非洲、亞洲、新大陸等等

殖民地

殖民地

我要去美國

殖民地

需要更多殖民地！

殖民地

殖民地

威廉二世（德國）(P175)

美國好像缺勞力

總理費理（法國）

尼古拉二世（俄羅斯）(P175)

迪斯雷利（英國）(P127)

老羅斯福（美國）(P151)

快速工業化，導致失業人口離開歐洲、移民赴美 (P147)

以英國為首，法國、德國、美國、俄羅斯陸續發展出帝國主義

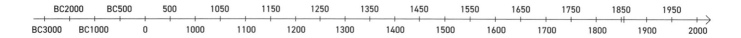

近代

154

俄羅斯女皇**葉卡捷琳娜二世**（P102）藉著掌控臨近黑海的克里米亞半島，獲得了朝思暮想的**不凍港**。但俄羅斯為了前進地中海、放眼大西洋，非得通過位於黑海和地中海之間的**達達尼爾海峽**和**博斯普魯斯海峽**不可。當時，這兩個海峽都屬於**鄂圖曼帝國**的領土。

俄羅斯沙皇尼古拉一世（1825～1855年在位）為了奪得這兩處海峽，便向鄂圖曼帝國宣戰，**克里米亞戰爭**（1853～1856年）就此爆發。擔心俄羅斯壯大的英國**維多利亞女王**（P124）和法國**拿破崙三世**（P122）出手協助鄂圖曼帝國，最後俄羅斯敗退。這兩處海峽也因為受《巴黎條約》（1856年）的規範而封鎖。

問題是，當其他歐洲國家都在全世界推動貿易時，俄羅斯不能不航向外海啊！因此尼古拉一世之子**亞歷山大二世**（P156）放棄黑海，轉向巴爾幹半島開闢新航線。

克里米亞戰爭
因英國女性南丁格爾的
貢獻而聞名

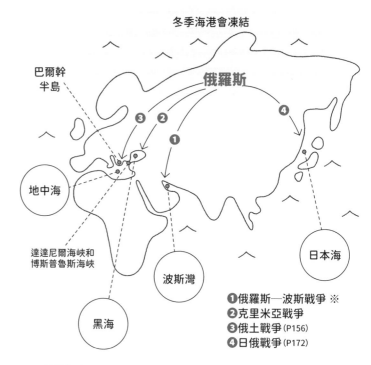

俄羅斯的南下政策

冬季海港會凍結

俄羅斯

巴爾幹
半島

地中海

達達尼爾海峽和
博斯普魯斯海峽

黑海

波斯灣

日本海

❶俄羅斯─波斯戰爭 ※
❷克里米亞戰爭
❸俄土戰爭（P156）
❹日俄戰爭（P172）

※ 俄羅斯在1828年與波斯卡扎爾王朝（伊朗）作戰獲勝，
在伊朗取得許多權利，但沒能得到最重要的波斯灣沿岸地區
（土庫曼恰伊條約）（P158）

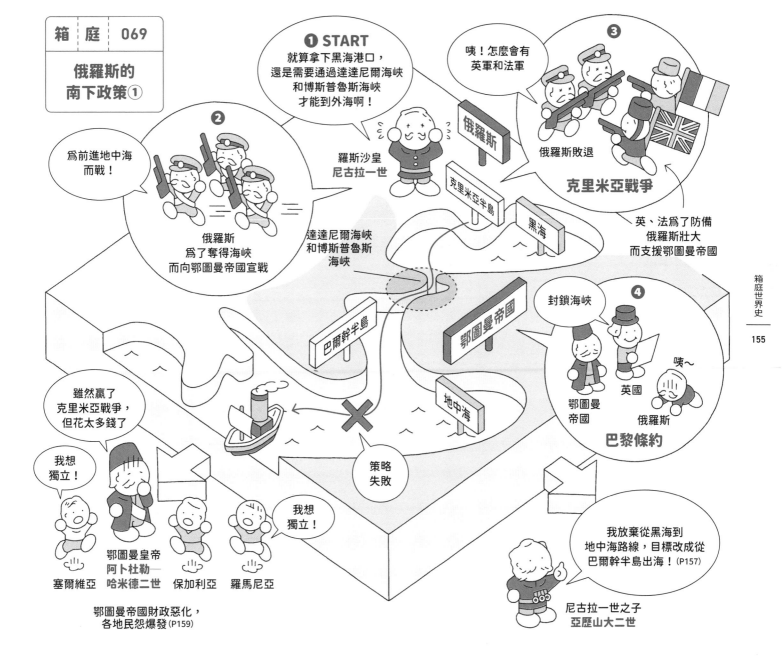

箱庭 069

俄羅斯的
南下政策①

❶ START
就算拿下黑海港口，
還是需要通過達達尼爾海峽
和博斯普魯斯海峽
才能到外海啊！

咦！怎麼會有
英軍和法軍

❸

俄羅斯敗退

克里米亞戰爭

俄羅斯

羅斯沙皇
尼古拉一世

克里米亞半島

黑海

為前進地中海
而戰！

❷

俄羅斯
為了奪得海峽
而向鄂圖曼帝國宣戰

達達尼爾海峽
和博斯普魯斯
海峽

英、法為了防備
俄羅斯壯大
而支援鄂圖曼帝國

封鎖海峽

❹

巴爾幹半島

鄂圖曼
帝國

地中海

鄂圖曼
帝國

英國

俄羅斯

巴黎條約

雖然贏了
克里米亞戰爭，
但花太多錢了

我想
獨立！

鄂圖曼皇帝
阿卜杜勒─
哈米德二世

塞爾維亞

保加利亞

我想
獨立！

羅馬尼亞

鄂圖曼帝國財政惡化，
各地民怨爆發(P159)

策略
失敗

我放棄從黑海到
地中海路線，目標改成從
巴爾幹半島出海！(P157)

尼古拉一世之子
亞歷山大二世

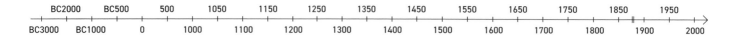

在克里米亞戰爭中，俄羅斯敗給鄂圖曼帝國，黑海通往地中海的路線受阻（P154），於是轉往開拓**巴爾幹半島**通往地中海的路線。

當時巴爾幹半島上的**保加利亞、塞爾維亞、蒙特內哥羅**與俄羅斯一樣，都是由**斯拉夫人**組成的國家，而這些國家也都是由鄂圖曼帝國統治。

俄羅斯沙皇**亞歷山大二世**（1855～1881年在位）打算支持巴爾幹半島各國獨立，以便向他們確保通往地中海的路線。

於是俄羅斯再度揮軍進攻鄂圖曼帝國，發動俄土戰爭（1877～1878年）。這次俄羅斯終於贏得勝利，透過《聖斯泰法諾條約》（1878年）成功讓巴爾幹半島各國獨立。

然而英國和奧地利擔心俄羅斯勢力擴大，因此在自稱「誠實經紀人」的德國首相**俾斯麥**（P130，主持下、召開了**柏林會議**（1878年），並於同年簽署了《柏林條約》，以防止俄羅斯通往地中海。

這下子，俄羅斯的巴爾幹半島路線也受阻了。於是俄羅斯開始建設**西伯利亞鐵路**，目標是通往日本海（日俄戰爭，P172）。

後來，亞歷山大二世遭到反對**沙皇制**（P102）、推動近代化的**民粹派**社會運動者暗殺（1881年）。

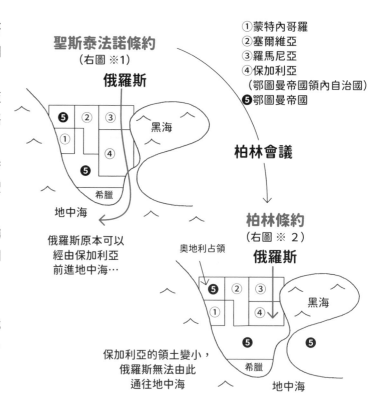

①蒙特內哥羅
②塞爾維亞
③羅馬尼亞
④保加利亞
（鄂圖曼帝國領內自治國）
❺鄂圖曼帝國

聖斯泰法諾條約
（右圖 ※1）

俄羅斯

黑海

希臘

地中海

俄羅斯原本可以
經由保加利亞
前進地中海…

柏林會議

柏林條約
（右圖 ※ 2）

俄羅斯

奧地利占領

黑海

希臘

地中海

保加利亞的領土變小，
俄羅斯無法由此
通往地中海

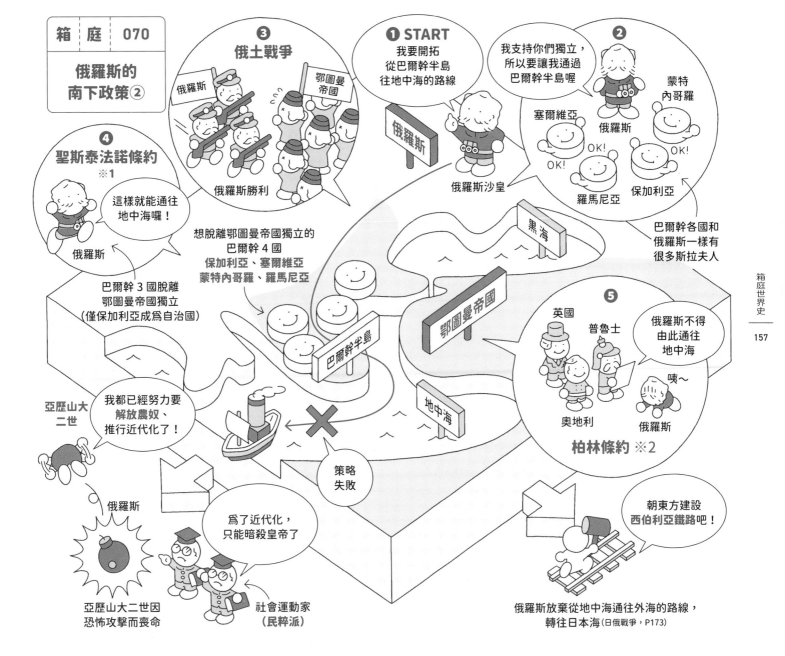

071 日暮西山的鄂圖曼帝國

風中殘燭

歐洲各國因**工業革命**（P106）和**制定憲法**而成功近代化的同時，過去曾消滅**拜占庭帝國**（P52）、幅員廣闊的**鄂圖曼帝國**，反而開始在經濟、軍事上落於人後。

鄂圖曼帝國是由眾多民族和宗教組成的**多元民族國家**，當國家勢力衰退後，各地便不約而同地出現了獨立的呼聲。於是鄂圖曼帝國皇帝**阿卜杜勒—邁吉德一世**（1839～1861年在位）重新檢討舊制度，推行名為「坦志麥特」的現代化改革（1839～1876年）。

就在此時，鄂圖曼帝國與推行**南下政策**的俄羅斯之間爆發了**克里米亞戰爭**（P154）。鄂圖曼帝國雖然贏得勝利，但這場戰爭卻讓國家財政陷入困境。新皇帝阿卜杜勒—哈米德二世（1876～1909年在位）於一八七六年頒布了亞洲第一部憲法《米德哈特憲法》，試圖穩定國家、克服危機。

沒想到，俄羅斯再度進攻鄂圖曼帝國（俄土戰爭，P156）。這次鄂圖曼帝國戰敗，原本治下的塞爾維亞、羅馬尼亞、蒙特內哥羅在戰後獨立，國力更加低落。

驚慌失措的阿卜杜勒—哈米德二世連忙廢除《米德哈特憲法》，回歸獨裁體制。但一九〇八年時，發生了青年土耳其黨人革命，成功復行《米德哈特憲法》、廢除了獨裁體制。沒想到**奧地利**趁機併吞了鄂圖曼帝國的**波士尼亞與赫塞哥維納**（有許多塞爾維亞人居住的地區，P178）。這項行動後來引發了**第一次世界大戰**。

至於位於鄂圖曼帝國東側的**伊朗**，也遭到推行南下政策的俄羅斯侵略（俄羅斯—波斯戰爭），最後簽訂了不平等的《土庫曼恰伊條約》（1828年）。

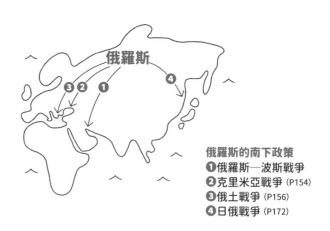

俄羅斯的南下政策
❶俄羅斯—波斯戰爭
❷克里米亞戰爭（P154）
❸俄土戰爭（P156）
❹日俄戰爭（P172）

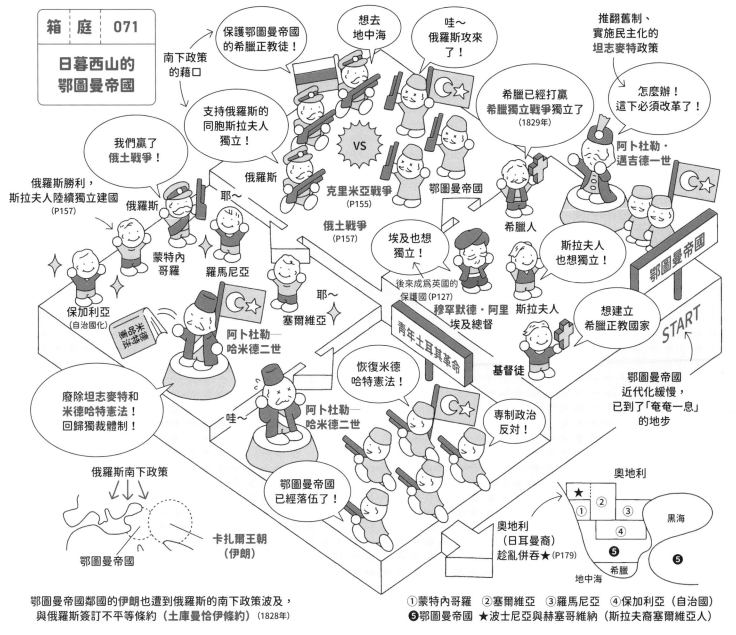

箱庭 071

日暮西山的鄂圖曼帝國

保護鄂圖曼帝國的希臘正教徒！

南下政策的藉口

想去地中海

哇～俄羅斯攻來了！

推翻舊制、實施民主化的坦志麥特政策

怎麼辦！這下必須改革了！

希臘已經打贏希臘獨立戰爭獨立了（1829年）

支持俄羅斯的同胞斯拉夫人獨立！

我們贏了俄土戰爭！

俄羅斯勝利，斯拉夫人陸續獨立建國（P157）

俄羅斯

耶～

VS

克里米亞戰爭（P155）

鄂圖曼帝國

阿卜杜勒‧邁吉德一世

希臘人

斯拉夫人也想獨立！

鄂圖曼帝國

蒙特內哥羅

羅馬尼亞

耶～

俄土戰爭（P157）

埃及也想獨立！

後來成為英國的保護國（P127）

斯拉夫人

想建立希臘正教國家

START

保加利亞（自治國化）

塞爾維亞

穆罕默德‧阿里埃及總督

基督徒

鄂圖曼帝國近代化緩慢，已到了「奄奄一息」的地步

阿卜杜勒—哈米德二世

青年土耳其革命

廢除坦志麥特和米德哈特憲法！回歸獨裁體制！

恢復米德哈特憲法！

阿卜杜勒—哈米德二世

哇～

專制政治反對！

鄂圖曼帝國已經落伍了！

俄羅斯南下政策

↓↓↓

鄂圖曼帝國

卡扎爾王朝（伊朗）

奧地利

①蒙特內哥羅 ②塞爾維亞 ③羅馬尼亞 ④保加利亞（自治國）

奧地利（日耳曼裔）趁亂併吞★（P179）

黑海

希臘

地中海

鄂圖曼帝國鄰國的**伊朗**也遭到俄羅斯的南下政策波及，與俄羅斯簽訂不平等條約（**土庫曼恰伊條約**）（1828年）

❺鄂圖曼帝國 ★波士尼亞與赫塞哥維納（斯拉夫裔塞爾維亞人）

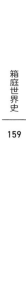

英國在**普拉西戰役**（P94）中戰勝法國，確定單獨統治印度。印度的貿易權則由英國的東印度公司（P90）壟斷。

然而，在**工業革命**（P106）後，追求自由貿易的呼聲越來越大，英國國內開始對獨占印度貿易的東印度公司大加撻伐。因此英國政府宣布東印度公司停止商業活動，趁機將東印度公司從貿易公司轉為印度的統治機構。

但是，印度人卻反抗成為統治機構的東印度公司，發起**印度民族起義**（1857～1859年）。東印度公司向英國政府求援，最後由英國正規軍隊鎮壓了這場暴動。

為了以示負責，東印度公司被迫解散，結果由英國政府直接統治印度。英國政府讓**維多利亞女王**（P126）登基為印度**皇帝**，建立了**印度帝國**（1877～1947年）。

而且，英國政府為了阻止俄羅斯**南下**（P154）印度，將印度北方的**阿富汗**也列為**保護國**（阿富汗保護國化，1880年）。

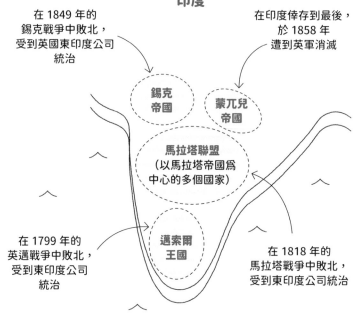

逐漸成為英國殖民地的印度

在 1849 年的錫克戰爭中敗北，受到英國東印度公司統治

在印度倖存到最後，於 1858 年遭到英軍消滅

錫克帝國

蒙兀兒帝國

馬拉塔聯盟（以馬拉塔帝國為中心的多個國家）

在 1799 年的英邁戰爭中敗北，受到東印度公司統治

邁索爾王國

在 1818 年的馬拉塔戰爭中敗北，受到東印度公司統治

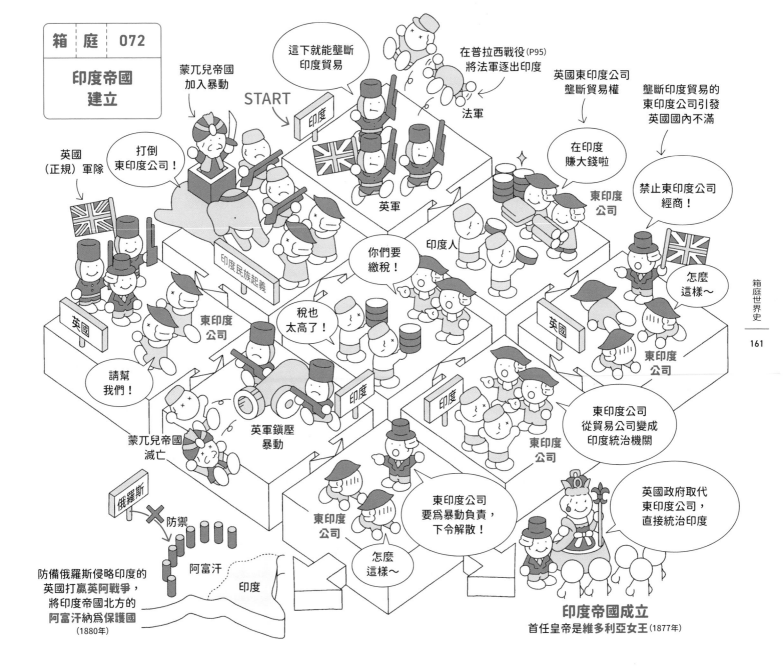

在重工業與化學工業持續發展的十九世紀下半葉，歐美各國為了取得工業資源，開始把焦點放在**非洲大陸**。此時，美國的新聞記者**史坦利**（1841～1904年），在非洲發現了電化學工業需要的銅礦。

史坦利在比利時國王利奧波德二世（1865～1909年在位）的贊助下前去探索剛果，並與當地的領袖簽訂《**貿易壟斷條約**》（1878年）。但這份條約卻引發其他歐洲國家的反對。德國首相**俾斯麥**（P130）便擔任議長、召開**柏林西非會議**（1884～1885年），決定非洲的瓜分採取「先到者得」的原則，導致歐洲列強爭先恐後進駐非洲。

英國因為向**埃及**政府收購了**蘇伊士運河股票**（1875年），於是開始實施連結開羅—開普敦—加爾各答的3C政策。同一時期，英國與法國為了爭奪埃及和蘇丹的優先權而發生糾紛，是為**法紹達事件**（1898年）。由於法國更關心在摩洛哥的權益，因此兩國於一九〇四年時簽訂了《**英法協約**》，而英國也在之後建立了以生產黃金和鑽石聞名的英屬南非聯邦（1910～1961年）。

在此情勢下，德國皇帝**威廉二世**（P174）先是抗議英法瓜分非洲，並兩度派遣軍艦前往**摩洛哥**（摩洛哥危機，

1905年、1911年），使英法和德國之間的緊張情勢升高。

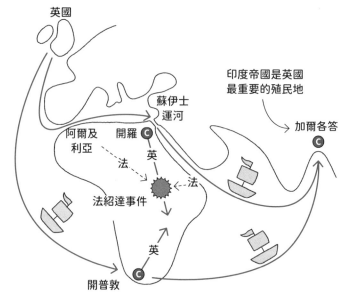

ⓒ 英國的3C政策

英國為了確保通往印度帝國加爾各答的兩條路線，
將中轉地開普敦（開普殖民地）
和位於蘇伊士運河的開羅（埃及）納為殖民地

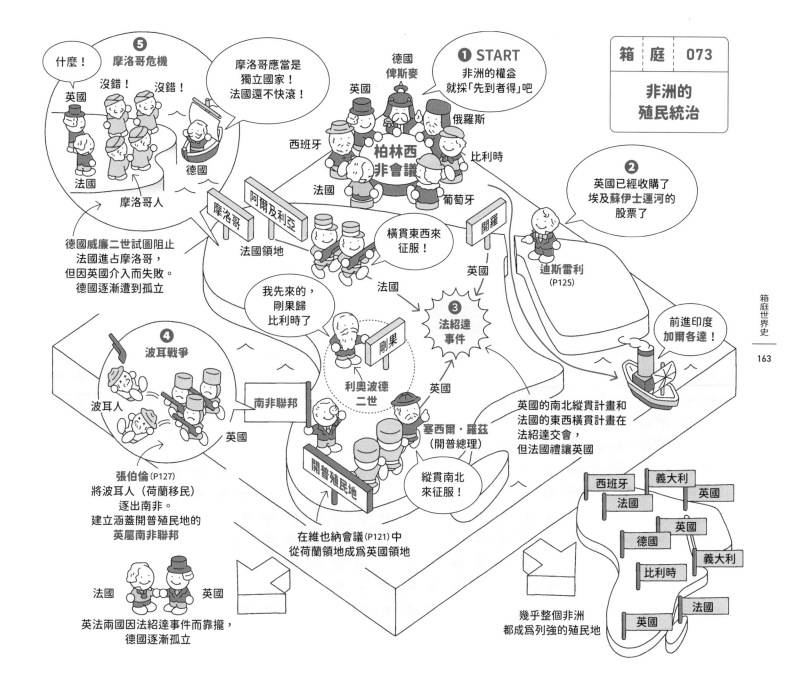

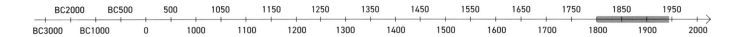

近代

164

除了在**中國、印度和非洲**，歐洲各國也逐漸將勢力範圍拓展到**東南亞、太平洋島嶼與大洋洲**。

法國建立了**法屬印度支那聯邦**（1887 年），包括越南、**寮國和柬埔寨**，在這裡經營稻作和煤礦業，賺進龐大的利益。英國成立了**馬來聯邦**（1895 年），包括**檳城、麻六甲和新加坡**，致力於栽培橡膠樹和錫礦開採。**荷蘭**建立了荷**屬東印度**，包括**爪哇、蘇門答臘及整個印度尼西亞**，引進強制耕種制度，當地居民皆有義務栽種咖啡豆——荷蘭本土因為這項制度成功擺脫了瀕臨破產的困境。

此外，還有**法國**殖民**大溪地、英國**殖民**斐濟與東加、德國**殖民**馬里亞納群島和俾斯麥群島；美國**則是殖民**菲律賓與關島**等地，還併吞了**夏威夷**。

英國將澳大利亞、紐西蘭做為自治領，利用這些地方所生產的金礦獲取龐大利益。

不過，這些殖民地大多在第二次世界大戰後獨立建國。

成爲殖民地的東南亞和太平洋地區

夏威夷盛產甘蔗

美國要併吞夏威夷

我被廢黜了

夏威夷王國末代女王利留卡拉尼

1810 年卡美哈梅哈大帝統一夏威夷，
建立夏威夷王國。
1893 年，夏威夷王國末代女王利留卡拉尼被廢黜，
王國於 1898 年併入美國

英國派印度勞工在
馬來西亞的橡膠莊園工作、
賺進龐大收益

荷蘭憑藉咖啡種植業
賺進龐大收益。
在爪哇島實施的強制耕種制度
尤其嚴苛

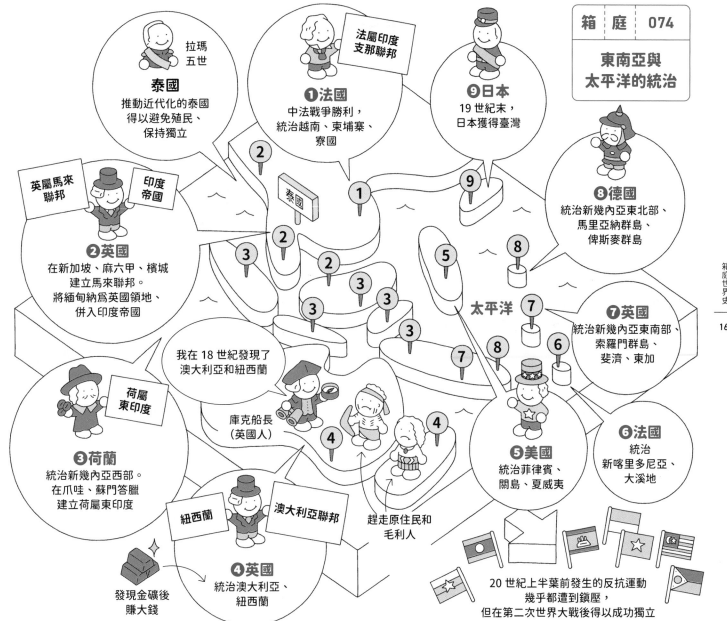

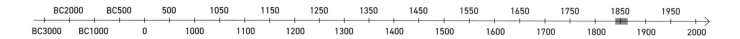

十八世紀下半葉，推動自由貿易主義的英國，將能在本國便宜生產的**棉織品**大量銷往海外，其中也包括遙遠的**清朝**（中國）。

但棉織品在**清朝**卻乏人問津。由於當時英國需要從清朝進口茶葉，資金（白銀）單向流往清朝。為此困擾的英國便開始將印度生產的**鴉片**出口到清朝，再向清朝購買茶葉，展開了**亞洲三角貿易**。

由於鴉片破壞了清朝的風紀，於是清朝官員林則徐（1785～1850年）下令禁止鴉片進口。英國因此發起反制，爆發**鴉片戰爭**（1840～1842年）。

在最先進的英國艦隊面前，清軍一敗塗地，而在後續的第二次鴉片戰爭（1856～1860年）中也敗下陣來，將香港和九龍南部割讓給英國。另外，由於因管制進口而封閉的十六座港口也被迫開放，還支付了鉅額賠款。

鴉片戰爭敗北後，清朝的**咸豐皇帝**（1850～1861年在位）打算加稅以彌補戰爭賠款的缺口，結果導致民不聊生。

就在此時，在科舉中落榜的洪秀全（1813～1864年）創立了名為拜上帝會的宗教組織，為了趕走外國人、建立新國家而發起太平天國之亂。拜上帝會贏得民眾的支持

後，成功占領南京，建立了新政權太平天國（1851～1864年）。

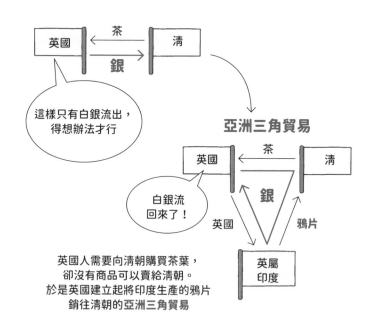

英國人需要向清朝購買茶葉，卻沒有商品可以賣給清朝。於是英國建立起將印度生產的鴉片銷往清朝的**亞洲三角貿易**

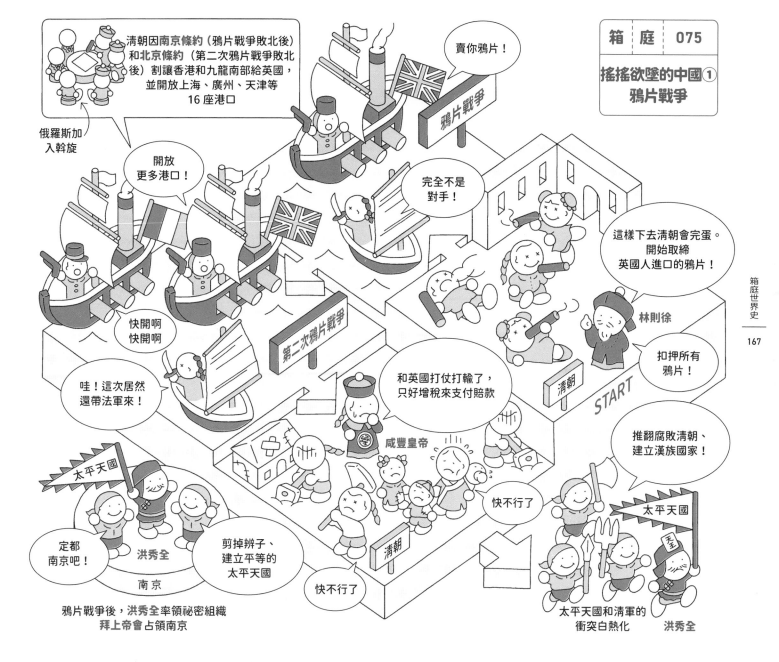

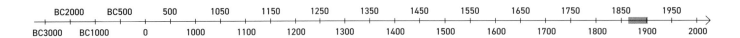

洪秀全（P166）為了推翻清朝、建立新國家，發起**太平天國之亂**，成功占領南京。但太平天國卻被英國軍人查理．喬治．戈登（1833～1885年）所率領的**常勝軍**（洋槍隊）與漢人地主自組的軍隊推翻。由此可見，清朝政府已經衰弱到無法獨力鎮壓這種叛亂了。

因此，清朝官員曾國藩（1811～1872年）和李鴻章（1823～1901年）等人推動洋務運動，在維持清朝傳統體制的情況下，同時引進西方的科學技術，試圖再次讓清朝強盛（1860年）。但就在此時，清朝因為**朝鮮半島**問題，和日本之間爆發了甲午戰爭（1894～1895年，P172）。

結果清朝敗給了日本。學者康有為等人認為，戰敗的原因在於清朝的近代化腳步太慢，便說服光緒皇帝（1875～1908年在位）進行戊戌變法，建立以憲法為基礎的君主立憲制（1898年）。然而這項政策最後卻遭到慈禧太后（1835～1908年，光緒皇帝的姨母）等保守派人士推翻，導致了戊戌政變（1898年）。

無法趕上近代化腳步的清朝陸續遭到列強入侵，處於各地都有列強駐軍的半殖民狀態。此時，晚一步才來到中國的美國提出**門戶開放政策**（P151），以彰顯其影響力。

後續反抗列強入侵中國的，是反基督教、秉持排外主義的宗教組織義和團。義和團陸續破壞鐵路和基督教教堂，還攻入北京、包圍外國公使館。見此情況，慈禧太后等人便打算利用義和團，趁機將列強逐出中國。

但最後，這場**義和團運動**（1900～1901年）遭到列強出兵鎮壓，引發了八國聯軍（1900年）。清廷被迫為此事負責，簽訂了《**辛丑條約**》（1901年），除了必須支付鉅額賠款，也允許外國軍隊駐紮於北京。

此事讓流亡海外的革命家孫文（P170）深信，除了推翻腐敗的清廷、建立新國家，別無他法。

列強在中國的勢力範圍
20世紀初

北京

南京

□ 俄羅斯	□ 法國
□ 英國	■ 日本
	□ 德國

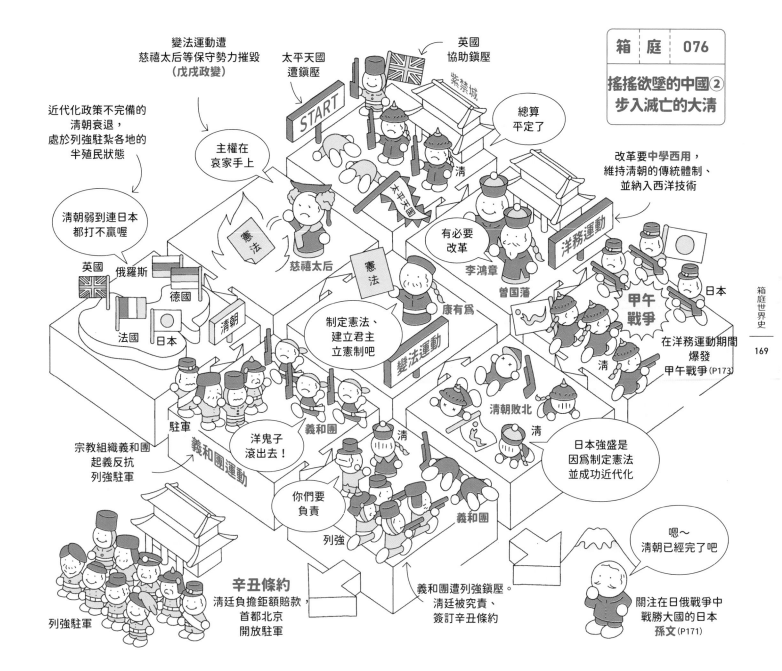

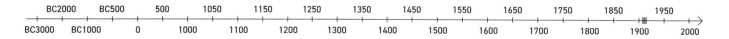

義和團運動（P168）過後，中國人對清朝的質疑頓時蔓延開來。清朝試圖透過以君主立憲制為主的**近代化改革**度過這場危機，但結果不如人意。因此，孫文（1866～1925年）認為，唯有革命才是出路，便集結了不倚靠清廷的資本家、華僑、學生、知識分子，在日本的東京組成**中國同盟會**（1905年）。

此時，中國也有不滿清廷的革命家和軍人發起暴動。這場暴動使清朝各省分陸續宣布脫離清朝獨立。孫文立即歸國，與國內的革命家、中國同盟會成員一同在南京宣布成立**共和國家中華民國**（1912年1月1日）。

接下來，為了推翻清朝，孫文以「中華民國下一任大總統」為條件，拉攏了清朝軍機大臣**袁世凱**（1859～1916年）。袁世凱以軍機大臣的身分逼迫宣統皇帝（1908～1912年在位）——**愛新覺羅溥儀**退位。宣統皇帝答應退位後，**清朝就此滅亡**。這一系列革命就稱為辛亥革命（1911～1912年）。

袁世凱成為中華民國大總統後，在北京自立為帝，並接受了有利於日本、不利中國的**二十一條要求**（1915年）。由於這二十一條要求遭到國民強烈反對，袁世凱因此遜位。而此事也導致國內反日情緒高漲，並爆發了以學生為主的**五四運動**（1919年）。

袁世凱去世後，其部下和各地握有實權的軍人（軍閥）開始割據爭權，中國進入**軍閥時代**（1916～1928年）。

二十一條要求

日本在樸茨茅斯條約（P172）簽訂後入侵中國。當時在第一次世界大戰對抗德國的日本，向中國要求接收德國在山東省原有的權利

清朝與中華民國
1912年1月1日，
孫文在南京宣布建立
亞洲第一個共和國家
中華民國

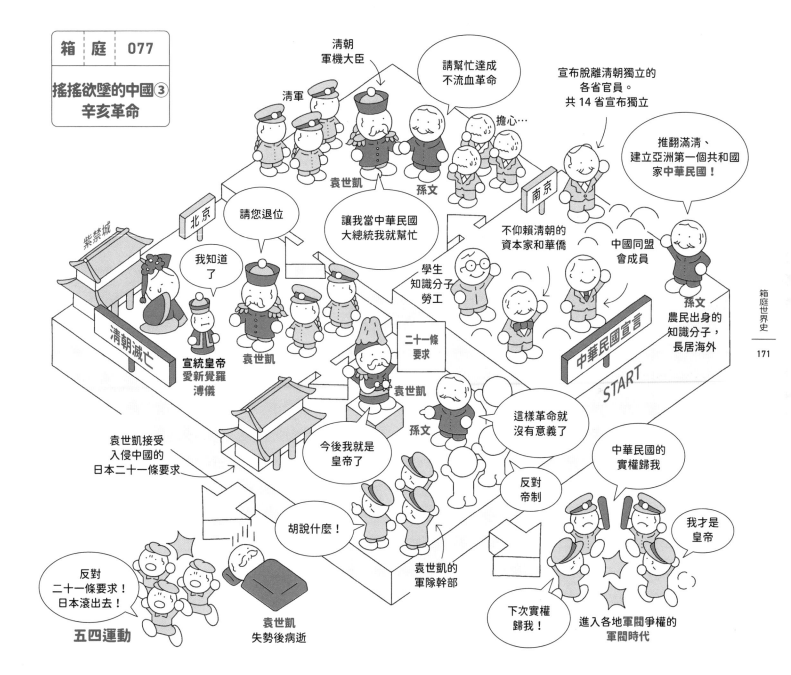

BC2000	BC500	500	1050	1150	1250	1350	1450	1550	1650	1750	1850	1950
BC3000	BC1000	0	1000	1100	1200	1300	1400	1500	1600	1700	1800	1900	2000

黑船來航

美國合併加利福尼亞後，
目標轉向亞洲‧太平洋地區。
在此期間，培里來航日本

開國

明治維新

大日本帝國憲法

制定憲法

日本的
近代化

政府

富國強兵

中央集權

日本以
朝鮮半島
為跳板、
計畫進駐
亞洲大陸

甲午戰爭

朝鮮屬於
清朝

讓朝鮮
獨立

朝鮮當時受到清朝統治，
於是爆發甲午戰爭。
日本獲勝

日本在**甲午戰爭**（P168）中打敗了清朝後，根據《**馬關條約**》（1895 年），朝鮮脫離清朝獨立，清朝則將臺灣和遼東半島割讓給日本。

另一方面，俄羅斯在建設**西伯利亞鐵路**（P156）的同時，也計畫朝亞洲南下。俄羅斯聯合法國和德國，逼迫日本將遼東半島歸還給清朝，企圖阻止日本進駐亞洲（三國干涉還遼，1895 年）。最後兩國爆發了**日俄戰爭**（1904～1905 年）。

日本得到了想阻止俄羅斯擴張勢力的英國支持，在戰爭中處於優勢。而且在這個時期，俄羅斯國內還發生第一次俄國革命（P182），讓俄羅斯難以繼續作戰。

在美國總統**老羅斯福**（P150）的調停下，兩國簽訂《**樸茨茅斯條約**》（1905 年），日本成為戰勝國。日本不但將南滿州納入勢力範圍內，同時取得對韓國的優先權。

在遠東南下失敗的俄羅斯再度轉向巴爾幹半島，但這次卻與德國的 3B 政策（P174）發生了衝突。

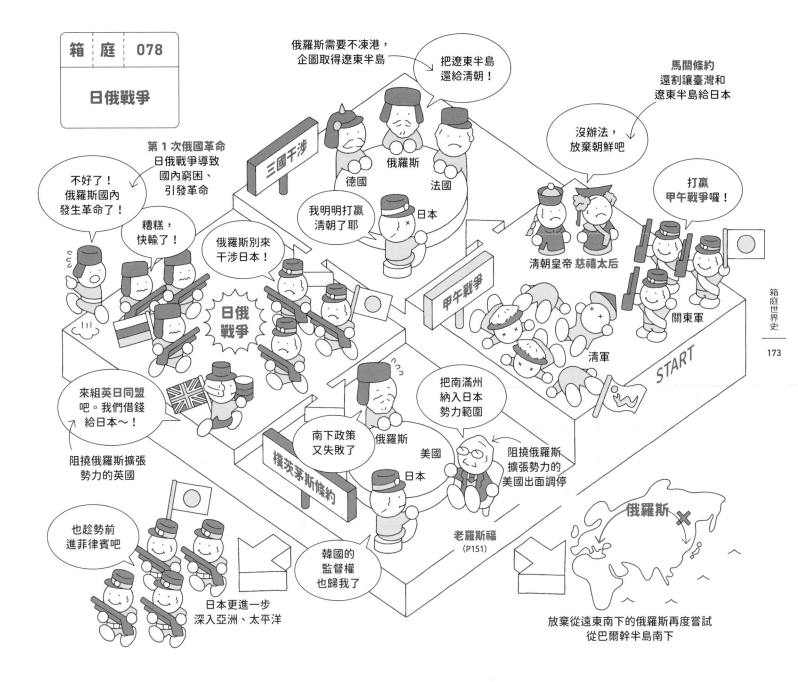

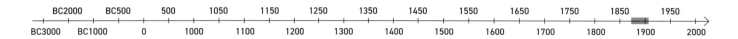

　　德國在**普法戰爭**（P132）中打敗法國後，德國首相俾斯麥（1871～1890年在任）與**俄羅斯**、**奧地利**組成三帝同盟（1873、1881年），另外又和**義大利**、**奧地利**組成三國同盟（1882～1915年），建立了**俾斯麥體系**。這些同盟關係的目的是孤立法國，以防法國反攻。俾斯麥期望盡可能避免透過戰爭和殖民政策，來維持德國的安定。

　　但年輕的**威廉二世**（1888～1918年在位）登基為皇帝以後，德國的方針為之一變，開始大幅擴張海軍、積極推動帝國主義政策。威廉二世逼迫年事已高的俾斯麥辭職，打算進駐南非，並在中國建立勢力範圍。

　　此外，威廉二世也在巴爾幹半島推動名為3B政策的**鐵路計畫**。但這項計畫不但和英國的3C政策（P162）衝突，也與俄羅斯尼古拉二世推動的**南下政策**衝突。

　　為了對抗德國，**俄羅斯**與**英國**、**法國**簽訂三國協約（1907年），而俄羅斯和德國的歧異也日漸加深，最終演變成**第一次世界大戰**（P178）。

3B政策
德國用鐵路連結柏林、伊斯坦堡、巴格達後抵達波斯灣的政策

3C政策
（P162）
英國控制開羅、開普敦、加爾各答三角地帶的政策

南下政策
俄羅斯建設冬季不凍港的政策

威廉二世推動的3B政策，與英國的3C政策、俄羅斯的南下政策對立

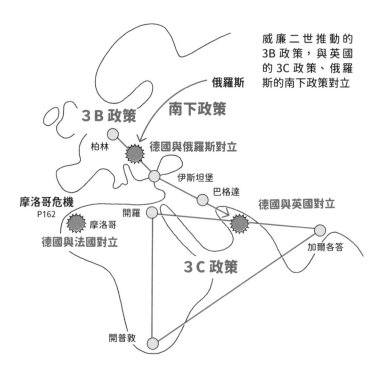

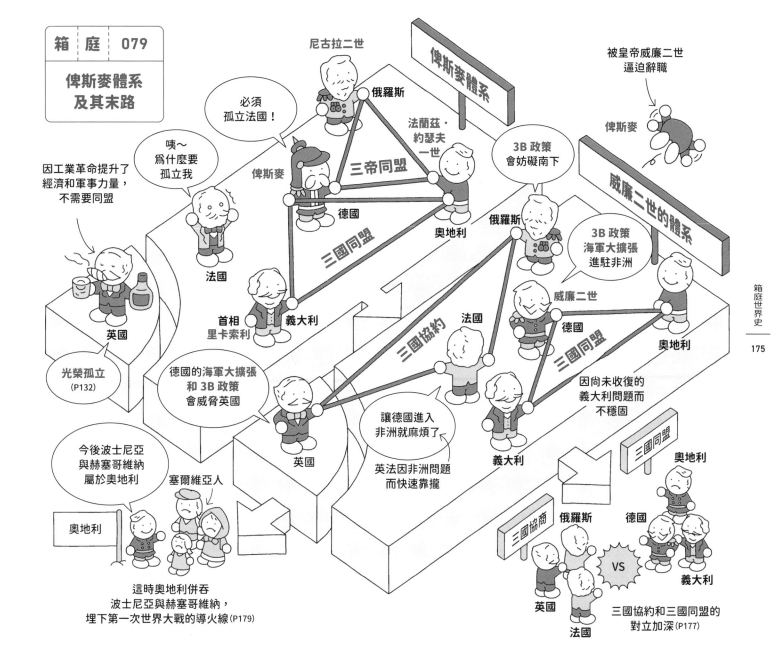

箱庭 079

俾斯麥體系及其末路

必須孤立法國！

咦～為什麼要孤立我

因工業革命提升了經濟和軍事力量，不需要同盟

光榮孤立
(P132)

尼古拉二世

俄羅斯

俾斯麥

德國

法蘭茲·約瑟夫一世

奧地利

三帝同盟

三國同盟

法國

首相里卡索利

義大利

英國

德國的海軍大擴張和 3B 政策會威脅英國

今後波士尼亞與赫塞哥維納屬於奧地利

奧地利

塞爾維亞人

這時奧地利併吞波士尼亞與赫塞哥維納，埋下第一次世界大戰的導火線 (P179)

俾斯麥體系

3B 政策會妨礙南下

俄羅斯

三國協約

法國

讓德國進入非洲就麻煩了

英國

英法因非洲問題而快速靠攏

被皇帝威廉二世逼迫辭職

俾斯麥

威廉二世的體系

3B 政策海軍大擴張進駐非洲

威廉二世

德國

奧地利

三國同盟

因尚未收復的義大利問題而不穩固

義大利

三國同盟

奧地利

三國協商

俄羅斯

德國

VS

義大利

英國

法國

三國協約和三國同盟的對立加深 (P177)

近代

176

　　第一次世界大戰（P178）肇因於一枚子彈引起的**塞拉耶佛事件**（P178）。

　　至於為什麼會發生第一次世界大戰，大家可以搭配177頁的插圖，來看第一次世界大戰前夕各國的勢力關係。

　　①**英國與德國**：德國的 3B 政策（P174）與英國的 3C 政策（P162）衝突。德國推動的**海軍大擴張**（P174）威脅到了英國。

　　②**法國與德國**：兩國發生過**普法戰爭**（P132），而德國開始推動非洲殖民政策，也妨礙了法國統治摩洛哥（摩洛哥危機，P162）。

　　③**俄羅斯與德國**：德國的 3B 政策與俄羅斯的**南下政策**衝突。德國的**泛日耳曼主義**（泛＝擴張）和俄羅斯的**泛斯拉夫主義**無法相容。

　　④**俄羅斯與奧地利**：塞爾維亞、蒙特內哥羅、希臘、保加利亞等國在一九一二年組成了**巴爾幹同盟**，而俄羅斯是此同盟的保護國，因此支持被奧地利搶走波士尼亞與赫塞哥維納的塞爾維亞（P178）。

　　⑤**塞爾維亞與奧地利**：有許多塞爾維亞人（斯拉夫民族）居住的波士尼亞與赫塞哥維納，遭到主張泛日耳曼主義的奧地利併吞（P158）。

　　⑥**巴爾幹同盟與鄂圖曼帝國**：鄂圖曼帝國一直對脫離本國獨立的巴爾幹各國，以及支持它們獨立的俄羅斯懷恨在心（P158）。後來**巴爾幹同盟**向鄂圖曼帝國發動第一次**巴爾幹戰爭**（1912～1913 年），使得鄂圖曼帝國因此失去更多領土。

　　⑦**巴爾幹同盟與保加利亞**：保加利亞原本屬於巴爾幹同盟，後來因為領土紛爭而導致第二次巴爾幹戰爭（1913 年），保加利亞就此脫離巴爾幹同盟。

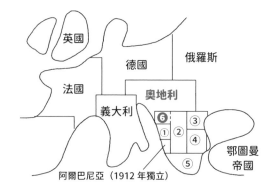

①蒙特內哥羅
②塞爾維亞
③羅馬尼亞
④保加利亞
⑤希臘
⑥波士尼亞與赫塞哥維納

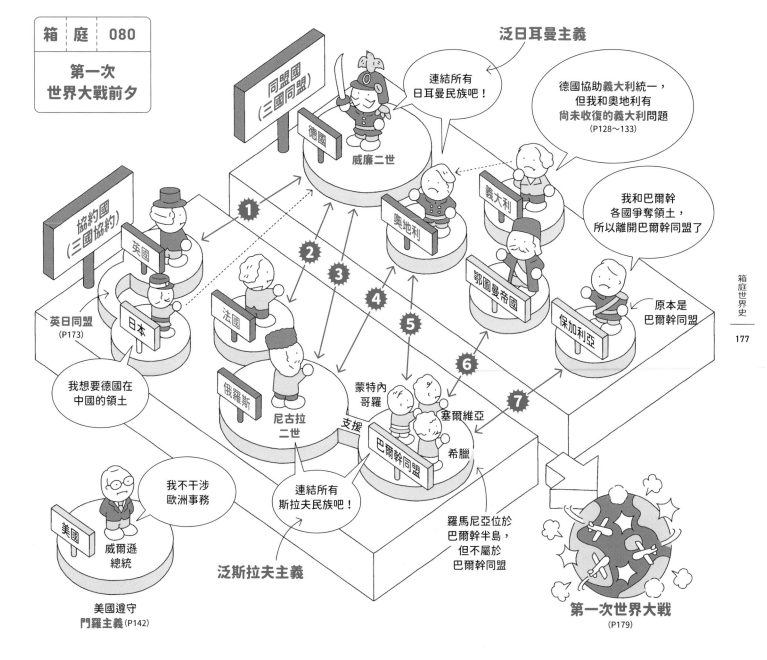

第一次世界大戰①

塞拉耶佛事件

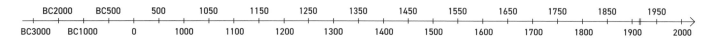

近代

178

奧地利趁著**青年土耳其黨人革命**（P158）引發混亂時，併吞了鄂圖曼帝國境內的波士尼亞與赫塞哥維納——奧地利在柏林會議（P156）中獲准占領波士尼亞與赫塞哥維納，並擁有統治權，一九○八年徹底併吞。

波士尼亞與赫塞哥維納原本住有許多**塞爾維亞人**（母語為塞爾維亞語，和俄羅斯同為斯拉夫裔）、克羅埃西亞人、穆斯林居住。但奧地利人（日耳曼裔）開始統治波士尼亞與赫塞哥維納後，當地的塞爾維亞人便開始反抗奧地利。

一九一四年六月，出訪波士尼亞與赫塞哥維納境**內塞拉耶佛**的奧地利皇太子夫婦，遭到塞爾維亞青年射殺，史稱塞拉耶佛事件（1914 年）。奧地利因此向塞爾維亞宣戰，而在鄰國推動**泛日耳曼政策**（P176）的**德國**皇帝**威廉二世**，也加入支持奧地利的行列。另一方面，推動**泛斯拉夫政策**（P176）的**俄羅斯**沙皇**尼古拉二世**，則支持斯拉夫裔的塞爾維亞。

後來，締結**三國同盟**（P174）和**三國協約**（P174）的各國陸續參戰。開啓了由同盟國（包括德國、奧地利、鄂圖曼帝國、保加利亞等）對抗**協約國**（也稱「盟國」，包括俄羅斯、英國、法國、日本等）的**第一次世界大戰**（1914～1918 年）。

第一次世界大戰時期的歐洲

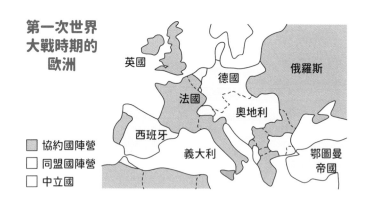

☐ 協約國陣營
☐ 同盟國陣營
☐ 中立國

在**第一次世界大戰中**，英國（協約國）與他國簽訂了多份密約，先是承諾讓渡尚未收復的義大利半島領土（P128）以拉攏同盟國陣營的義大利，另外還協議了《**麥克馬洪—海珊協定**》（P220）和《**貝爾福宣言**》（P220），將戰局導向對本國有利。

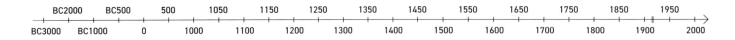

BC2000	BC500	500	1050	1150	1250	1350	1450	1550	1650	1750	1850	1950
BC3000	BC1000	0	1000	1100	1200	1300	1400	1500	1600	1700	1800	1900	2000

第一次世界大戰（P178）對各國來說，都是必須傾全國之力去打的總體戰，持續時間也比開戰時所預測的更長。相較於還能從殖民地調度物資的英國和法國，德國國內則是陷入嚴重的糧食不足。

急躁的德國不只攻擊敵國軍艦，就連商業船舶也不放過（無限制潛艇戰，1917 年）。此舉引起美國總統**威爾遜**的抗議，向**德國**宣戰。美國將大量兵力送往戰線的結果，也將德國逼進了窮途末路。

美國參戰後，**協約國**（P178）陣營處於壓倒性優勢。而從一九一八年春天起，新型流感（西班牙流感）疫情便席捲全球，士兵之間也開始瀰漫著「厭戰」的氛圍。到了秋天，**同盟國**（P178）陣營的保加利亞、鄂圖曼帝國、奧地利出現投降和停戰的聲浪。十一月，德國境內發生士兵和勞工發動的**十一月革命**。皇帝**威廉二世**（P174）流亡荷蘭，德國建立了共和政體德意志國（威瑪共和國）。

最後，在一九一八年十一月十一日，德國與**協約國**簽署停戰協定，第一次世界大戰以**協約國**勝利收場。

戰爭結束後，在**巴黎和會**（P186）中簽訂的《**凡爾賽條約**》（P186）嚴厲懲處了德國，使德國在領土和賠款方面都遭受了極大的損失。

第一次世界大戰導致的社會變化

我們也要選舉權！

這是總體戰

大戰末期的軍需品工廠爲了補充人力，
也動員了平民婦女。
這讓女性在戰後得以進入社會就業

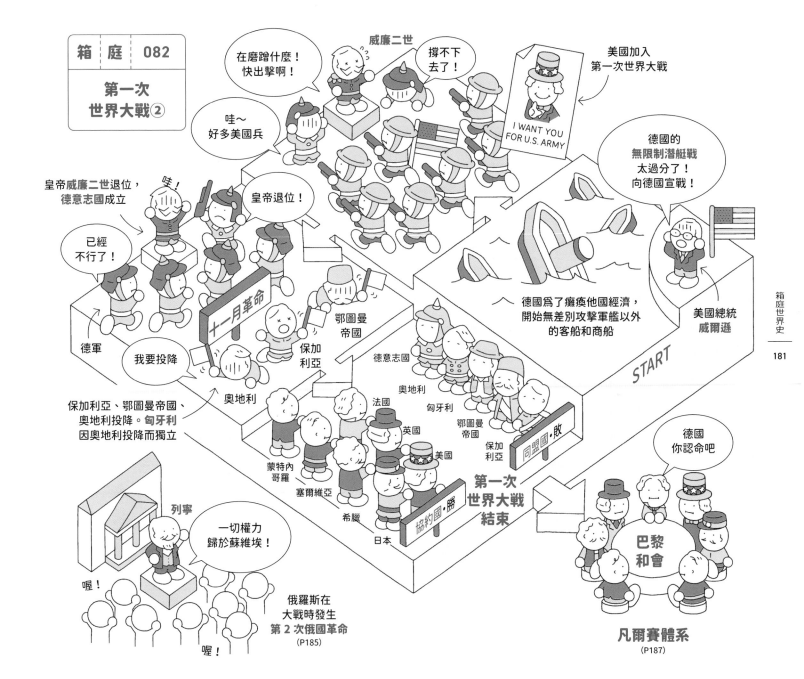

俄羅斯在十九世紀後，將勢力拓展到遠東地區，並在此背景下發生了**日俄戰爭**（P172）。然而俄羅斯政府優先投注於戰爭更勝於內政的結果，導致國內缺乏糧食的問題日益嚴重。

一九〇五年一月，首都聖彼得堡發生了大規模的示威抗議，民眾要求採取**立憲政體**、**改善勞工待遇**，結果卻遭到政府以武力鎮壓，史稱**血腥星期日**（1905 年）。之後，又發生了波坦金號戰艦的水兵群起暴動、反對日俄戰爭。政府因此決定停戰。

在此同時，俄羅斯革命家列寧（1870～1924 年）發起武裝起義，以「**一切權利歸於蘇維埃**（工農兵委員會）」的口號，企圖實現**社會主義**。

俄羅斯沙皇尼古拉二世（1894～1917 年在位）與革命派妥協，發表《十月詔書》（1905 年），承諾設置名為杜馬的國會（第一次俄國革命，1905 年）；國民則支持國家採取自由和民主主義、君主立憲制。

至於遭到政府緝捕的列寧，則是逃往國外，流亡到瑞士。後來，尼古拉二世再度嘗試從巴爾幹半島南下（P174）。此舉導致俄羅斯與德國、奧地利、鄂圖曼帝國的對立更加嚴重，就此邁向第一次世界大戰（P178）。

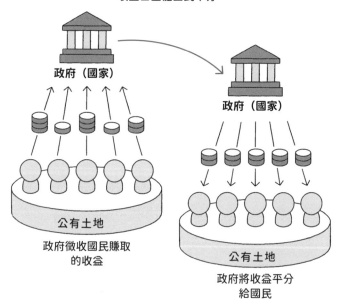

社會主義的思維
土地、工廠、商品皆為公有，
收益由全體國民平分

政府（國家）

政府（國家）

公有土地

政府徵收國民賺取
的收益

公有土地

政府將收益平分
給國民

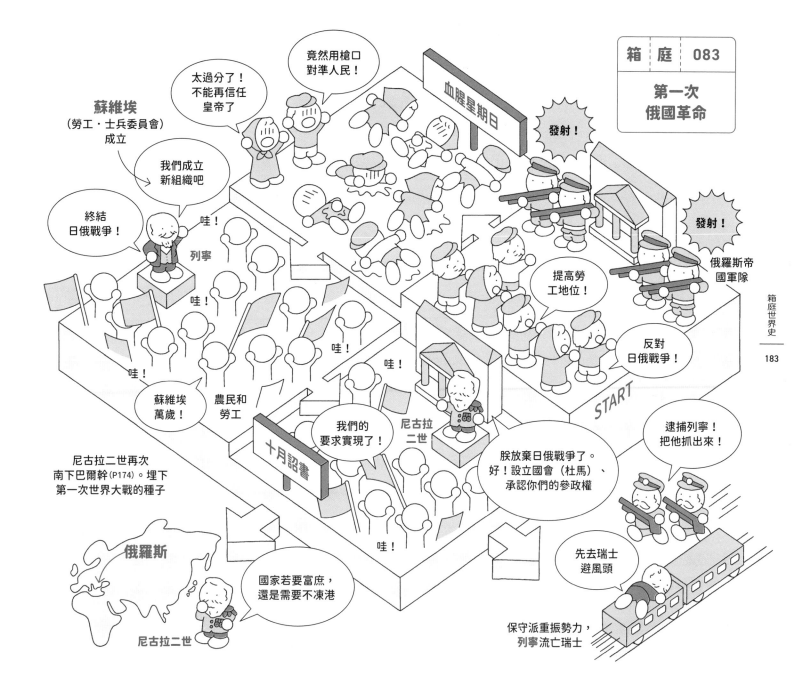

084

第二次俄國革命

社會主義國家誕生

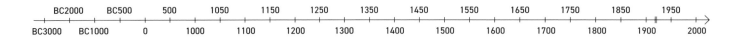

　　第一次世界大戰（P178）的發展超出預期，演變成長期戰。俄羅斯國內的厭戰氣氛與日俱增。一九一七年，俄國發生二月革命後，尼古拉二世（P182）遜位，**羅曼諾夫王朝**（P102）就此覆滅。

　　社會主義者列寧（P182）得知此事，匆忙搭乘德國準備的專車自瑞士返國，在國內宣揚「停止戰爭」和「一切權利歸於**蘇維埃**」（P182）等訴求。

　　羅曼諾夫王朝滅亡後，革命家**克倫斯基**（1881～1970年）所率領的社會革命黨建立了臨時政府（1917年），持續推動戰爭。但列寧等人透過武裝行動推翻了社會革命黨，樹立了**蘇維埃政權**（俄國**十月革命**、第二次俄國革命，1917年）。

　　一九一八年三月，蘇維埃政權和德國簽訂和約，脫離第一次世界大戰。在此期間，列寧將黨名改為共產黨（1918年），並將首都從聖彼得堡遷到位於內陸的莫斯科。

　　提防革命餘波的英國、美國、法國和日本，為了救出當時成為俄羅斯俘虜的捷克士兵，共同出兵俄羅斯，是為**武裝干涉俄國內戰**（1918～1922年）。

　　對此，俄羅斯的做法則是控制鄰近的白俄羅斯、烏克蘭和外高加索等鄰國，建立蘇維埃社會主義共和國聯邦（蘇

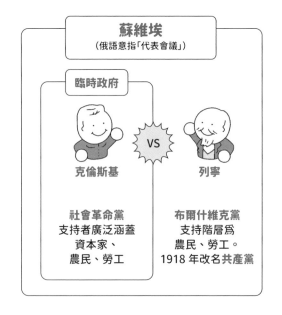

蘇維埃
（俄語意指「代表會議」）

臨時政府

克倫斯基 VS **列寧**

社會革命黨
支持者廣泛涵蓋
資本家、
農民、勞工

布爾什維克黨
支持階層為
農民、勞工。
1918年改名**共產黨**

聯，1922年），從此展開了蘇聯的高壓統治。

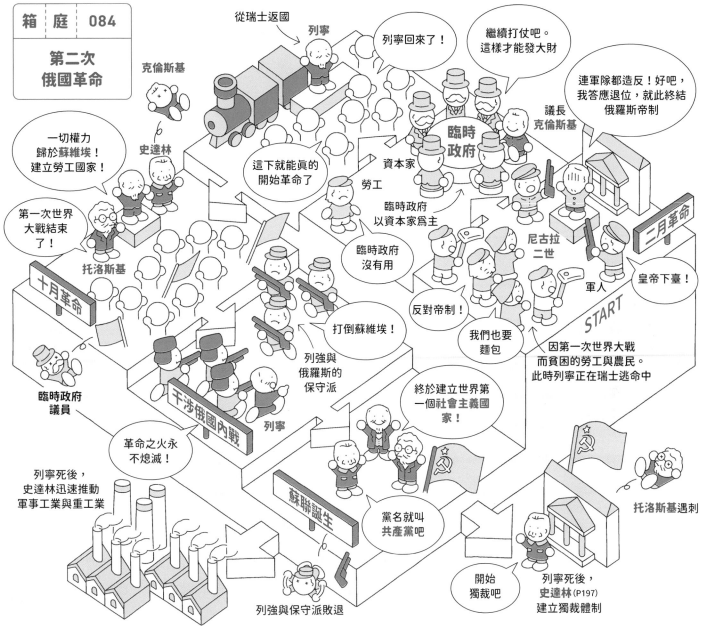

085

凡爾賽體系與華盛頓體系

不平等條約

　　因為美國的參戰，使得**協約國**能在**第一次世界大戰**中贏得勝利（P180）。在商議戰後處置的巴黎和會（1919年）上，美國總統威爾遜（1913～1921年在任）提出十四點和平原則。根據這份原則，決定設立國際聯盟（1920年）。

　　戰敗國和**蘇維埃政權**（俄羅斯）必須承認匈牙利、波蘭、南斯拉夫、芬蘭、捷克斯洛伐克、拉脫維亞、愛沙尼亞等多國獨立；但英國和法國等戰勝國在非洲和亞洲擁有的殖民地不得獨立。**鄂圖曼帝國**的領土則由戰勝國瓜分（P188）。

　　德國（德意志國，P180）不但失去所有殖民地，還失去了本土的亞爾薩斯—洛林地區；除了被迫縮減軍備，還要支付鉅額賠款——巴黎和會中決議德國有賠款義務，並於一九二一年的倫敦會議決定賠償金額為一三二〇億金馬克（約三三〇億美元）。這項對德國過分嚴苛的《**凡爾賽條約**》（1919年）和**凡爾賽體系**，後來促使**納粹**（P194）與法西斯主義興起。

　　巴黎和會後不久，便在美國提議下召開了**華盛頓會議**（1921～1922年），探討戰後的**亞太地區**秩序，但會議的主要目的其實是牽制日本，好讓日本提出的**二十一條要求**（P170）失效，並使軍備發展受限。另外也決定廢除**英日同盟**（P177），使日本在國際社會中遭到孤立（華盛頓體系）。

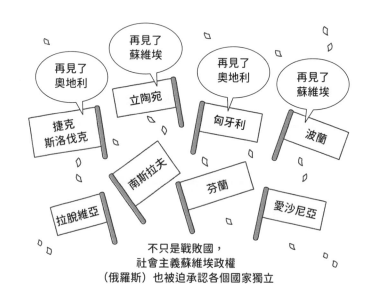

不只是戰敗國，
社會主義蘇維埃政權
（俄羅斯）也被迫承認各個國家獨立

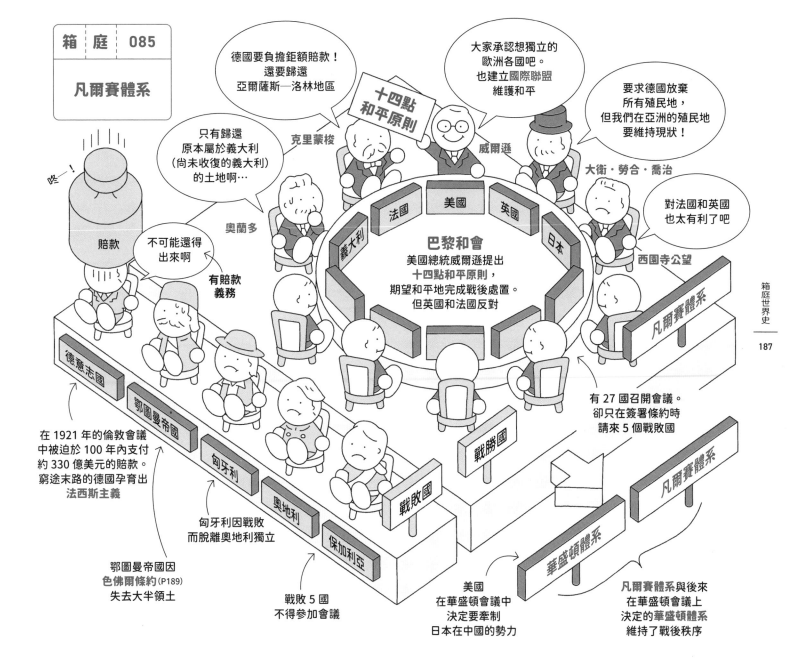

086

鄂圖曼帝國滅亡

凱末爾的土耳其革命

十八世紀末之後，**鄂圖曼帝國**受制於為追求**不凍港**而南下的**俄羅斯**，失去了大片領土（P158）。

在**第一次世界大戰**中，鄂圖曼帝國加入**同盟國**（P178）陣營，與**協約國**的英國、法國、**俄羅斯**作戰。但最後協約國贏得了勝利，鄂圖曼帝國被迫簽訂《**色佛爾條約**》（1920年），失去了伊拉克、巴勒斯坦、敘利亞等大半領土。

軍人革命家**穆斯塔法·凱末爾**（1881～1938年）無法接受這種條約，便發起**土耳其革命**，使**鄂圖曼帝國解體**、廢除《色佛爾條約》，建立了**土耳其共和國**（1923年），並出任第一任總統。

穆斯塔法·凱末爾和協約國重新簽訂《**洛桑條約**》（1923年），保護了土耳其人（母語為土耳其語）的領土，並將革命據點安卡拉設為土耳其共和國首都。另外，他還以羅馬字母取代阿拉伯字母、採用太陽曆、實施女性參政權、廢除**哈里發制**（伊斯蘭教的統治體系），停止一切伊斯蘭政策，推動近代化。

由於土耳其共和國放棄了阿拉伯文化圈（母語為阿拉伯語），因此相當於現今敘利亞與黎巴嫩的地區成為法國的委任統治地（殖民地）；約旦、伊拉克、巴勒斯坦則是成為英國的委任統治地。

第一次世界大戰期間，英國與鄂圖曼帝國境內的阿拉伯人協定，只要協助作戰，就願意在戰後承認阿拉伯地區獨立，也就是《**麥克馬洪—海珊協定**》（P220）。此外，英國為了向猶太資本家爭取戰爭資金，也透過《**貝爾福宣言**》（P220）承認他們在巴勒斯坦建立的猶太人民族之家（national home）。因此在一九三○年代，有許多猶太人移居巴勒斯坦，卻也導致定居巴勒斯坦的阿拉伯人和猶太人開始發生衝突。

土耳其
敘利亞
伊拉克
巴勒斯坦
蘇伊士運河
約旦
紅海

—— 英國領地
—— 法國領地
▢ 原鄂圖曼帝國領地
▢ 阿拉伯國家

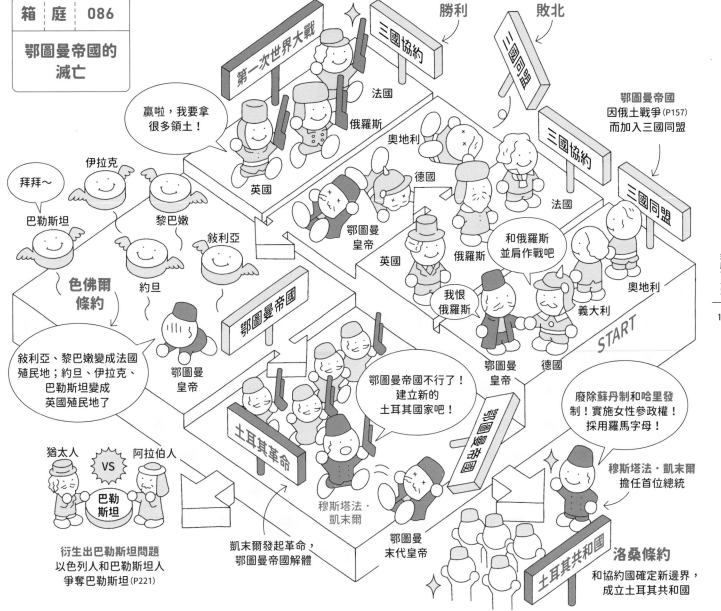

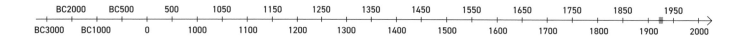

第一次世界大戰（P178）後，美國聲名遠播。美國在大戰中向**協約國**（P178）輸出武器，賺進龐大的利潤。美國本土沒有成為戰場，這也是造成美國與歐洲各國經濟差距的一大原因。

相對的，歐洲各國經濟衰退，戰敗的**德國**（P180）尤其嚴重，根本不可能付得起給法國和英國的鉅額**賠款**（P186）；國土淪為戰場的法國同樣負債累累。

因此，美國提出了道威斯計畫（1924年）。這項計畫是為了穩定德國經濟，先由美國融資給德國，待德國經濟回復後，英國和法國即可收到德國的賠款，再將賠款用來清償美國的貸款。結果道威斯計畫奏效，德國的經濟得以重振；歐洲經濟復甦，各國也形成了協調體制。

成為超級大國的美國，邁向有「黃金一九二〇年代」之稱的大眾消費主義時代。遵守「政府不干涉市場」的**自由主義與資本主義**原則，也對美國的繁榮貢獻深遠。

美國彷彿就此獲得了永久的繁榮。

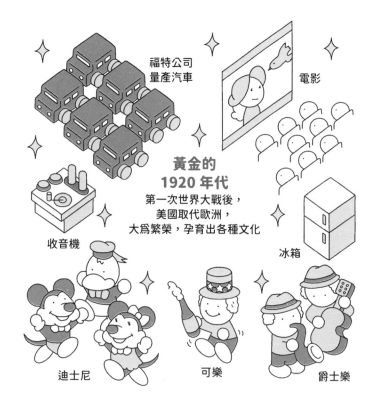

福特公司量產汽車

電影

黃金的 1920年代
第一次世界大戰後，
美國取代歐洲，
大為繁榮，孕育出各種文化

收音機

冰箱

迪士尼

可樂

爵士樂

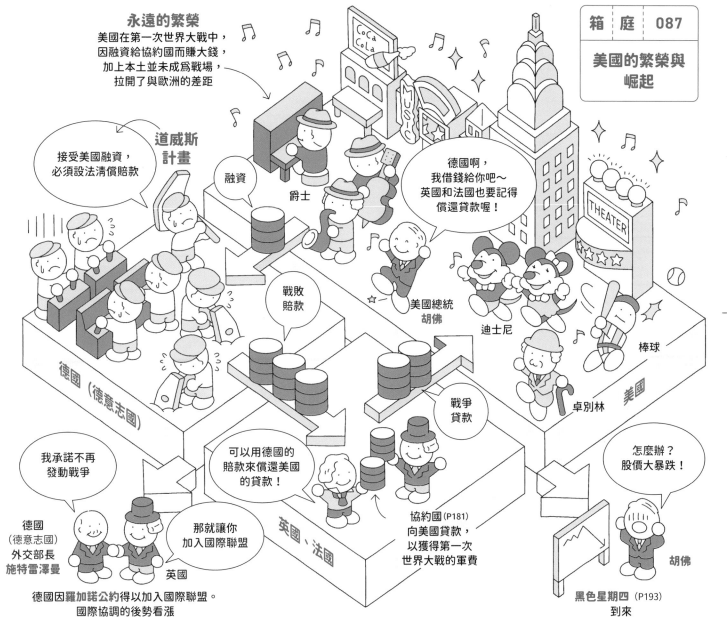

黑色星期四

引爆第二次世界大戰的全球經濟大蕭條

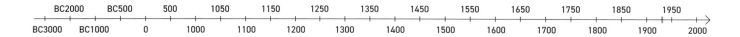

BC2000	BC500		500	1050	1150	1250	1350	1450	1550	1650	1750	1850	1950
BC3000	BC1000	0	1000	1100	1200	1300	1400	1500	1600	1700	1800	1900	2000

近代

192

　　第一次世界大戰後，美國進入有**黃金一九二〇年代**（P190）之稱的鼎盛時期。但繁榮的背後，卻是工業製品和農作物生產過剩、廉價勞工增加等問題，使得美國經濟動彈不得。

　　一九二九年十月二十九日星期四，**紐約股市大崩盤**（黑色星期四），企業和銀行相繼破產，美國經濟頓時一蹶不振，也停止對歐洲各國的融資。德國無法繼續支付給英國和法國的**賠款**（P186），影響繼續擴及全世界，這就是經濟大蕭條的開始。

　　美國總統**富蘭克林・羅斯福**（小羅斯福，1933～1945年在任）採取了不同於前總統**胡佛**（1929～1933年在任）自由放任的政策，試圖透過**新政**（The New Deal，即由政府強行介入市場，1933年）來克服危機。

　　身為殖民地「**富國**」的美國、英國、法國，可以從自己的殖民地輸入資源，同時提高關稅以減少商品進口、保護國內產業。但身為殖民地「**窮國**」的義大利、日本和德國卻一籌莫展。義大利和德國考慮入侵他國來克服經濟蕭條的結果，就是造成**法西斯主義**崛起。

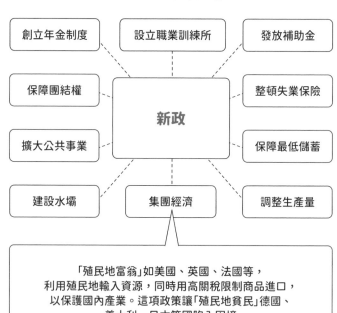

羅斯福的「新政」

創立年金制度　設立職業訓練所　發放補助金

保障團結權　　　　　　　　整頓失業保險

新政

擴大公共事業　　　　　　　保障最低儲蓄

建設水壩　集團經濟　調整生產量

「殖民地富翁」如美國、英國、法國等，利用殖民地輸入資源，同時用高關稅限制商品進口，以保護國內產業。這項政策讓「殖民地貧民」德國、義大利、日本等國陷入困境

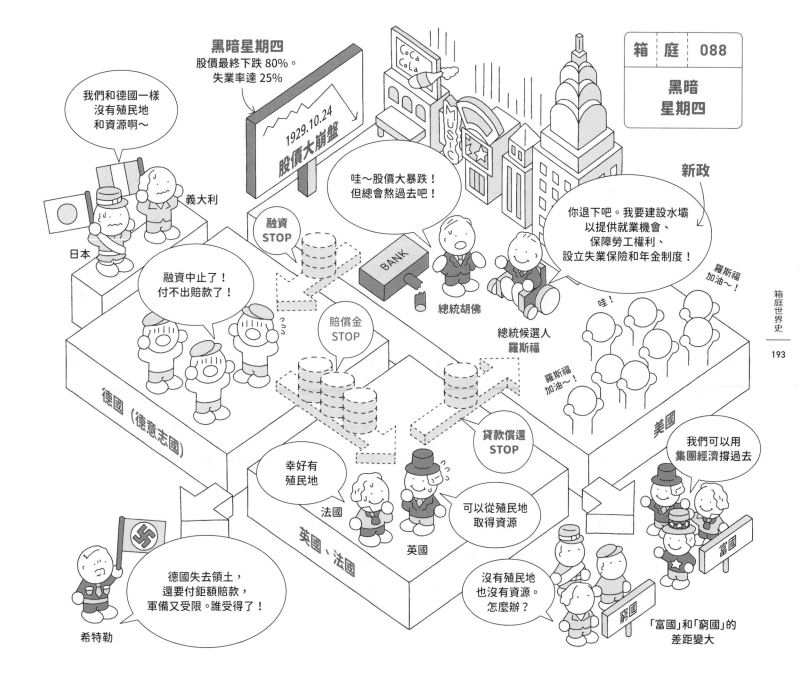

在**經濟大蕭條**（P192）的影響中，最混亂的非德國莫屬。德國經濟低迷，民眾怨聲載道；此時，出現了高呼「建立民族共同體」的**納粹黨**（國家社會主義德意志勞工黨）。

納粹黨領袖**希特勒**（1889～1945年）對民眾宣傳《**凡爾賽條約**》（P186）違背常理，並強調德國人（母語為德語的民族）的優越性。希特勒的演說不但讓民眾狂熱不已，他還為失業者提供就業機會，具體的政策也廣受民眾支持。

希特勒很快就驅逐了德國國內的**共產黨**，建立**一黨獨裁制**的法西斯政權。他掌握了立法、行政、司法所有權力，也開始被稱為**元首**。希特勒以「**反共產黨**」「**團結德國人**」的外交政策，陸續併吞了捷克斯洛伐克的蘇臺德地區與奧地利等德國人居住的國家和地區，並重啟徵兵制、宣布**重整軍備**。

法西斯政權也出現在和德國同屬「**殖民地窮國**」（P192）的**義大利**。希特勒趁著**西班牙內戰**（1936～1939年）期間，親近義大利法西斯政權領袖墨索里尼（1883～1945年），建立**羅馬──柏林軸心**（1936年）。另外，希特勒為了從東西夾擊**蘇聯**（P184），也與東洋的「**窮國**」**日本**結盟。

佛朗哥將軍

西班牙內戰
西班牙的**佛朗哥將軍**
率領**法西斯政黨**，
與反法西斯的**人民陣線**對抗

德國　　　義大利

格爾尼卡　　畢卡索

希特勒和墨索里尼為了支援佛朗哥
而加入**西班牙內戰**。
無差別攻擊擁有許多**人民陣線**支持者
的古城格爾尼卡
（佛朗哥勝利，繼續在西班牙的
獨裁統治，但西班牙在佛朗哥死後
建立君主立憲制）

墨索里尼　　希特勒

德國（希特勒）
與義大利（墨索里尼）
因**西班牙內戰**迅速靠攏、
結為同盟

於是形成了德國、義大利、日本的**反共產國際協定**（1937年）。

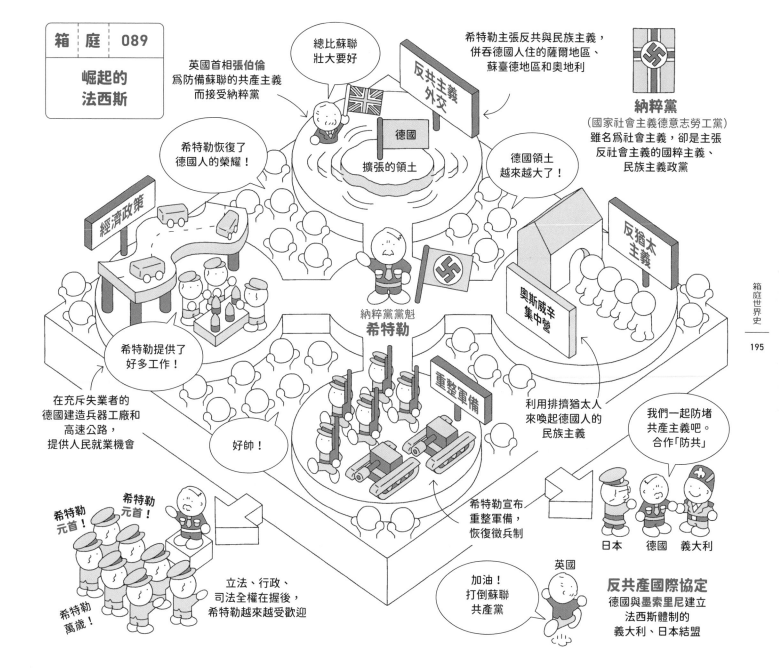

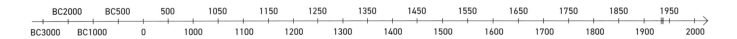

一九三三年一月，德國建立了以**希特勒**為總理的**納粹黨**（P194）政權。希特勒破壞了要求德國放棄領土、縮小軍備的**凡爾賽體系**（P186），向國民宣布要擺脫經濟大蕭條。

納粹政權外交政策的第一步，就是**脫離國際聯盟**（1933年）。這是因為德國提議不該只有自己縮小軍備，而是所有加盟國都該平等跟進，結果遭到否決的緣故。

這使得法國和蘇聯都對脫離國際聯盟的納粹黨勢力加強戒備，一九三五年五月，兩國簽訂《**蘇法互助條約**》以牽制德國。另一方面，英國因為納粹黨主張「**防共**」（反共產主義），期待納粹黨可以扳倒蘇聯，因此在同年六月，英國與德國簽訂《英德海軍協定》，採取綏靖主義，開始對德國妥協，允許德國**重整軍備**，平衡了法國的政策傾向。

在一九三八年九月舉行的**慕尼黑會議**中，德國在英國首相張伯倫（1937～1940年在任）和法國總理達拉第（1933、1934、1938～1940年在任）的同意下，取得捷克斯洛伐克境內有許多德國人居住的蘇臺德地區。一九三九年三月，希特勒強行**占領捷克斯洛伐克**，開始實質統治當地。

不只如此，德國還要求**波蘭**歸還但澤自由市、開放東普魯士的陸上交通。但由於英法兩國與波蘭簽署了《**互助條約**》，阻止了德國的行動。另一方面，蘇聯曾努力想和英法組成三方聯盟，卻未能如願，心生不滿的蘇聯便開始向德國靠攏。一九三九年八月，蘇聯和德國祕密簽訂了**瓜分波蘭**的《**德蘇互不侵犯條約**》。而在同年九月一日，德軍按照與蘇聯的約定，開始入侵**波蘭**。英國和法國見狀後，向德國宣戰，第二次世界大戰（1939年9月～1945年8月）就此爆發。

九月十七日，蘇聯軍繼德軍之後，也跟著入侵波蘭。

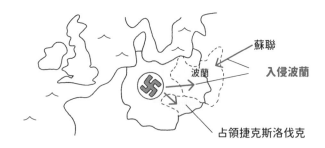

蘇聯

入侵波蘭

波蘭

占領捷克斯洛伐克

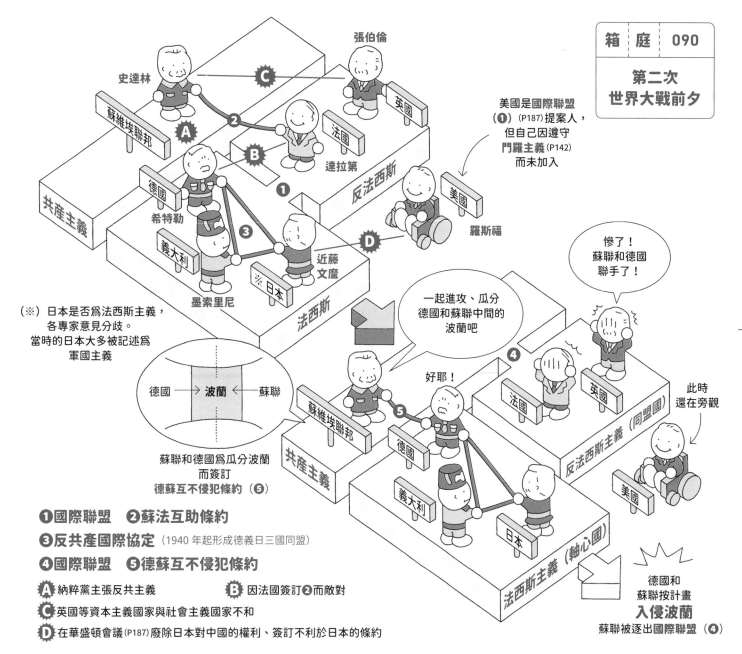

張伯倫

史達林

蘇維埃聯邦

英國

法國

達拉第

美國是國際聯盟
（❶）（P187）提案人，
但自己因遵守
門羅主義（P142）
而未加入

反法西斯

共產主義

德國

希特勒

羅斯福

❸

義大利

近藤
文麿

※日本

惨了！
蘇聯和德國
聯手了！

墨索里尼

法西斯

（※）日本是否爲法西斯主義，
各專家意見分歧。
當時的日本大多被記述爲
軍國主義

一起進攻、瓜分
德國和蘇聯中間的
波蘭吧

法國

英國

❹

德國 → 波蘭 ← 蘇聯

好耶！

蘇維埃聯邦

德國

此時
還在旁觀

共產主義

❺

美國

蘇聯和德國爲瓜分波蘭
而簽訂
德蘇互不侵犯條約（❺）

義大利

日本

反法西斯主義（同盟國）

❶國際聯盟 　❷蘇法互助條約

❸反共產國際協定（1940年起形成德義日三國同盟）

❹國際聯盟 　❺德蘇互不侵犯條約

Ⓐ 納粹黨主張反共主義 　　　　Ⓑ 因法國簽訂❷而敵對

Ⓒ 英國等資本主義國家與社會主義國家不和

Ⓓ 在華盛頓會議（P187）廢除日本對中國的權利、簽訂不利於日本的條約

法西斯主義（軸心國）

德國和
蘇聯按計畫
入侵波蘭
蘇聯被逐出國際聯盟（❹）

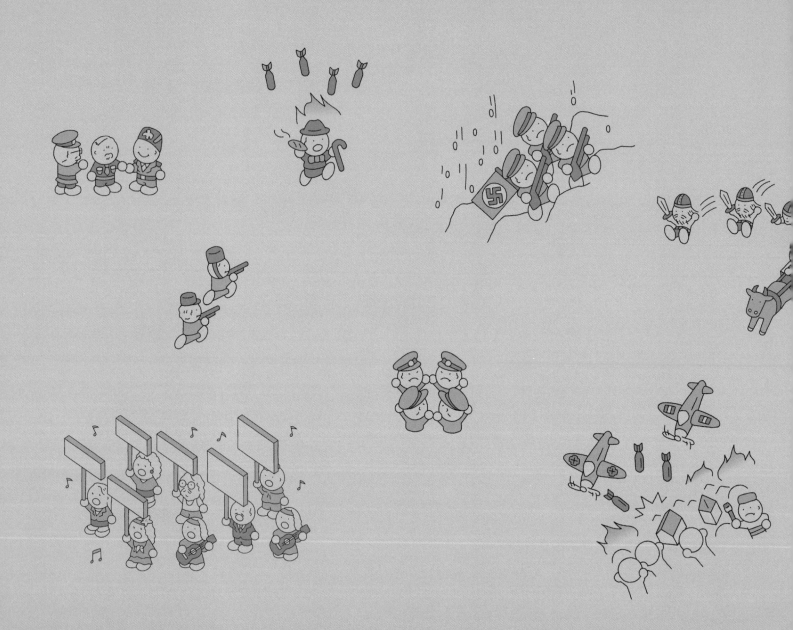

Part 5 現代

（二戰爆發～）

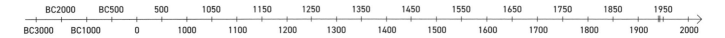

現代

200

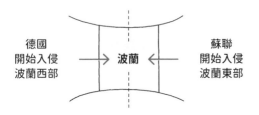

德國		蘇聯
開始入侵	→波蘭←	開始入侵
波蘭西部		波蘭東部

一九三九年九月一日，**第二次世界大戰**（1939年9月～1945年8月）的導火線點燃了。德軍按照與蘇聯簽訂的《德蘇互不侵犯條約》（P196），開始入侵**波蘭西部**，並於一九四〇年占領了丹麥、挪威、荷蘭、比利時。六月，德軍攻進法國、**占領巴黎**，義大利也派兵為德國助陣；巴黎所在的法國北部直接受到德軍統治，而法國的領土只剩下南部。這時，法國親德派陸軍將領貝當（1856～1951年）在南方的小城**維琪**成立**內閣**；法國軍人戴高樂（1890～1970年）則是流亡至英國倫敦，宣布建立自由法國政府（1940年）。他通過廣播，呼籲法國本土對德國發起**抵抗運動**。

另一方面，蘇聯在一九三九年九月十七日入侵**波蘭東部**後，接著也在十一月時入侵芬蘭。蘇聯因此遭到**國際聯盟**除名。

一九四〇年時，蘇聯併吞了波羅地海三國（愛沙尼亞、拉脫維亞、立陶宛）。結果，除了中立的瑞典、西班牙、葡萄牙外，整個歐洲大陸都遭到**極權主義國家**——德國、蘇聯、義大利的占領與統治。

看到這種情況的美國，於一九四一年三月制定《租借法案》，開始援助仍維持民主主義和獨立的英國。結果到了六月，德國為了保障糧食和石油而片面摧毀《**德蘇互不侵犯條約**》（P196），閃電入侵蘇聯領土，也成為德蘇戰爭的開端。七月，蘇聯為了對抗德國，與英國結為英蘇軍事同盟，蘇聯就這樣站到了民主主義陣營這一邊。

八月，美國總統**小羅斯福**（1933～1945年在任）和英國首相**邱吉爾**（1940～1945年、1951～1955年在任）召開了大西洋會議，會中發表《**大西洋憲章**》，宣布針對極權主義的自由與民主新世界原則。第二次世界大戰從此邁向全新的局面。

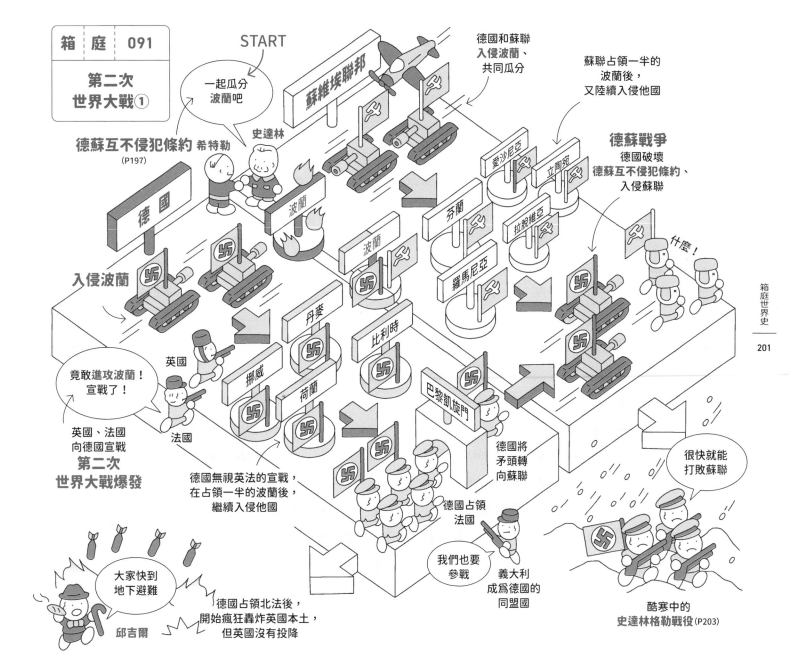

一九四二年一月，以美國、英國、中國、蘇聯為主的各個國家，在華盛頓特區發表了**聯合國家宣言**（1942年），組成了民主主義陣營＝**同盟國**，以對抗採取極權主義的**軸心國**（德國、義大利等）。

一九四二年二月，在**德蘇戰爭**（P200）中苦戰的蘇聯獲得美國支援的武器，於**史達林格勒戰役**（1942～1943年）中擊敗德國。當蘇聯從納粹黨手中解放東歐各國後，為了保障本國安全，便在這些東歐國家建立共產黨政權、納入自己的勢力範圍內。

同年九月，義大利投降。十一月，美國總統**小羅斯福**（P200）、英國首相**邱吉爾**（P200）與蘇聯總書記**史達林**（1879～1953年）召開了**德黑蘭會議**，協定共同對德作戰。一九四四年六月，在美軍將領**艾森豪**（1890～1969年）的指揮下，同盟國軍隊從法國諾曼第登陸歐洲、發動**諾曼第登陸**。這場作戰大獲成功，同盟國軍隊順利解放巴黎。

而到了一九四五年二月，美國、英國、蘇聯三巨頭在克里米亞半島召開**雅爾達會議**，討論德國的戰後處置、東歐民主化、由同盟國建立國際秩序等議題。**蘇日戰爭**（1945年）也是發生在這個時期。蘇聯發動蘇日戰爭的代價，就是獲准占領南庫頁島和千島群島。

一九四五年四月，在同盟國激烈的攻勢下，德國無計可施，首都**柏林淪陷**。五月七日，德國**無條件投降**。

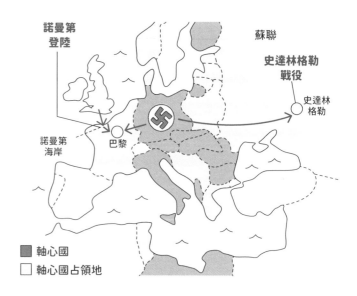

諾曼第登陸

蘇聯

史達林格勒戰役

史達林格勒

諾曼第海岸

巴黎

■ 軸心國
□ 軸心國占領地

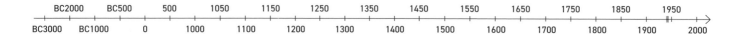

BC2000	BC500	500	1050	1150	1250	1350	1450	1550	1650	1750	1850	1950
BC3000	BC1000	0	1000	1100	1200	1300	1400	1500	1600	1700	1800	1900	2000

在**第二次世界大戰**開始後，隔年的一九四○年九月，日本派軍隊進駐法屬印度支那北部；同月，**反共產國際協定**（P194）發展為**德義日三國同盟**。一九四一年七月，日軍也進駐了法屬印度支那南部。在中國和東南亞擁有權利和殖民地的美國和英國見狀後，便**全面禁止出口石油至日本**，藉此向日本施壓。十二月，美國為了與日本和解而進行的美日談判未果，主張用武力解決的日本便出兵占領英屬馬來半島，同時偷襲美國夏威夷州的軍事基地，發動**珍珠港事變**。太平洋戰爭（1941～1945年）就此爆發。

太平洋戰爭讓第二次世界大戰形成了以**美國**、**英國**、**中國**、**蘇聯**為主的同盟國，對抗以**德國**、**義大利**、**日本**為主的軸心國局勢。

日軍一度展現出占領整個東南亞的強盛氣勢，但在一九四二年的**中途島海戰**，及後續在新幾內亞的**瓜達康納爾島戰役**慘敗後，敗象便越來越明顯。在一九四四年的**塞班島戰役**中，日本失去了太平洋的絕對國防圈（處於守勢的日本為了本土防衛和繼續戰爭，所設定必須確保的重要地域），被迫面對**本土空襲**的局面。

一九四五年時，又接連發生**東京大空襲**、廣島與長崎

原子彈爆炸，以及**蘇日戰爭**（P202）。在這種情勢下，日本於八月十四日依《波茨坦宣言》答應**無條件投降**，第二次世界大戰結束。**中日戰爭**（P206）也同時終結。

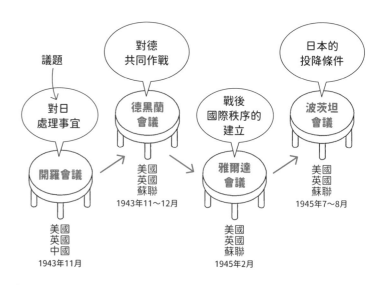

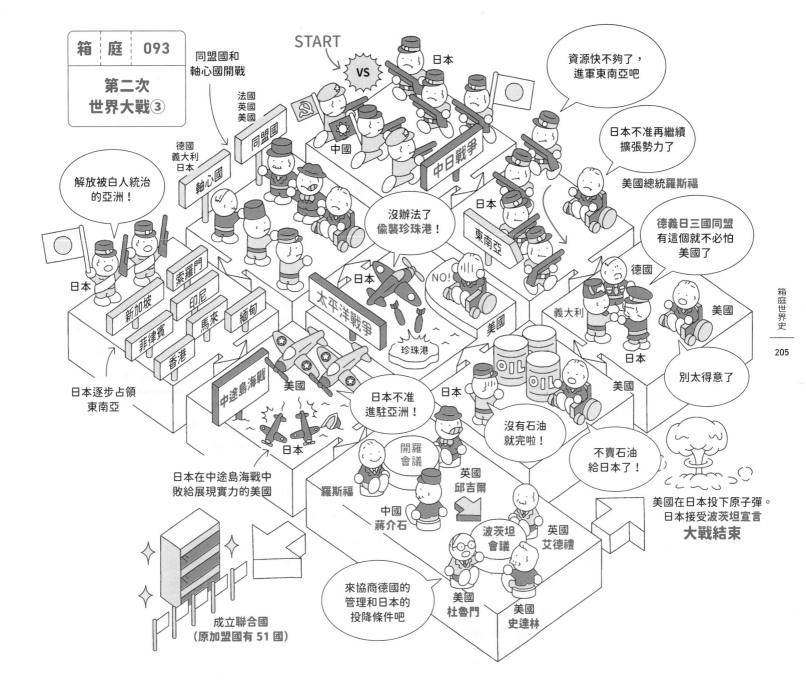

| 政權屬於我！ | 政權屬於我！ | VS | 年輕的蔣介石 | 年輕的毛澤東 |

利用軍閥的
列強

爭奪政權的軍閥
（袁世凱的部下們）

孫文

中國國民黨（資本主義）

陳獨秀

中國共產黨（社會主義）

第一次國共合作

　　一九一二年，**中華民國**在**辛亥革命**後建國。但是在**袁世凱**死後，**軍閥**紛紛私組軍隊，企圖主掌政權（軍閥割據，1916～1928年，P170）。

　　就在此時，發生了企圖推翻首都北京**軍閥政府**的**國民革命**。接受蘇聯援助的**孫文**（P170）所率領的**中國國民黨**（1919年），和身為**第三國際**（共產主義國際聯合組織）分部的**中國共產黨**（1921年）合作展開北伐（1926～1928年），即為第一次國共合作（1924～1927年）。孫文雖然在途中猝逝，但**中國國民黨**仍在新領袖**蔣介石**的率領下，展開北伐任務。

　　儘管北伐行動十分順利，但蔣介石開始擔心**中國共產黨**的勢力壯大，便發動四一二事件（1927年），竭力清剿共產黨。**國共合作**就此瓦解（國共分裂），中國進入內戰狀態。遭到攻擊的共產黨在新領袖毛澤東（1893～1976年）的帶領下展開長征（1934～1936年），將據點移至陝西省的延安。另一方面，蔣介石則是在南京成立國民政府（1927年）。

　　在此期間，日本成立**滿洲國**（1932～1945年），扶植**清朝**末代皇帝**溥儀**（P170）執政，中日關係因此惡化。一九三七年七月，中日雙方在北京北方發生軍事衝突**蘆溝橋事變**後，**中日戰爭**（1937～1945年）正式爆發。為此，國民黨與共產黨再度合作（第二次國共合作），一致採取抗日行動（1937年9月）。就這樣，**國共聯軍**開始共同對抗日本。

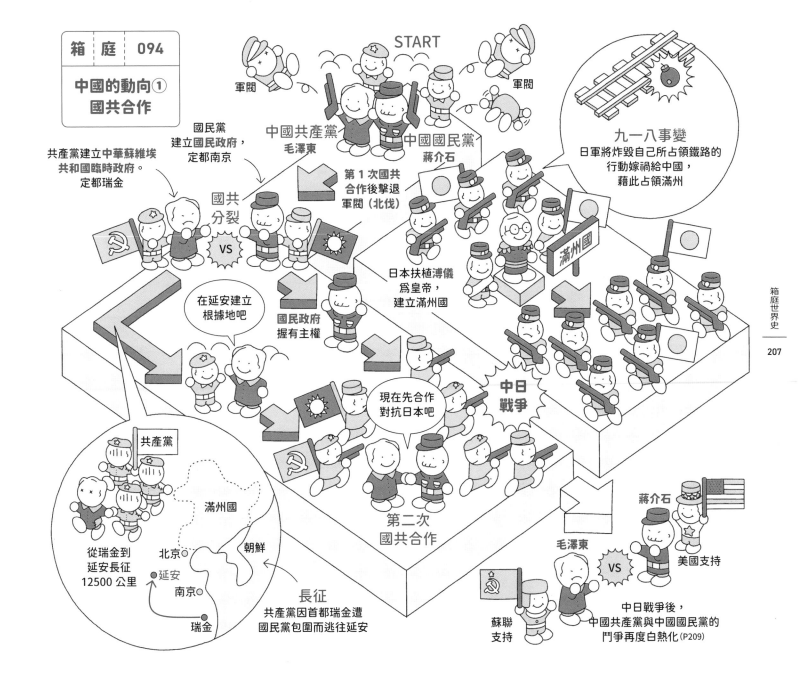

箱 庭 094

中國的動向①
國共合作

國民黨建立國民政府，定都南京

共產黨建立中華蘇維埃共和國臨時政府。定都瑞金

軍閥

START

軍閥

中國共產黨
毛澤東

中國國民黨
蔣介石

九一八事變
日軍將炸毀自己所占領鐵路的行動嫁禍給中國，藉此占領滿州

國共分裂

第1次國共合作後擊退軍閥（北伐）

VS

在延安建立根據地吧

國民政府握有主權

日本扶植溥儀為皇帝，建立滿州國

滿州國

中日戰爭

現在先合作對抗日本吧

共產黨

滿州國

從瑞金到延安長征12500公里

北京

朝鮮

延安

南京

瑞金

長征
共產黨因首都瑞金遭國民黨包圍而逃往延安

第二次國共合作

蔣介石

美國支持

毛澤東

VS

蘇聯支持

中日戰爭後，中國共產黨與中國國民黨的鬥爭再度白熱化(P209)

中國的動向②

從文化大革命到市場經濟

現代

208

中日戰爭（P206）結束後，**國民黨**和**共產黨**再度展開**國共內戰**（1946 年）。

一九四九年，最終贏得勝利的**共產黨**以**毛澤東**（P206）為**國家主席**（相當於總統），宣布成立**中華人民共和國**，定都於北京，並轉型成為一黨（共產黨）獨裁體制。另一方面，戰敗的**國民黨蔣介石**（P206）則是轉移到臺灣，在這裡延續**中華民國**政府，也形成了「兩個中國」的狀態。

毛澤東將人民的土地和公司等私有財產全數充公、強制執行名為「**人民公社**」的社會主義制度（1958 年）。所謂的人民公社，指的是設置於每個地區，統括生產、行政、國防、教育（中國共產黨的思想教育）的自治組織。但由於經濟不穩定、近代化程度不足，導致政策推行並不順利。因此只好先提出「**大躍進**」的口號。然而此時天災頻傳，造成不計其數的民眾餓死，毛澤東也因為**大躍進政策**失敗而失勢。

沒想到，毛澤東後來藉著**無產階級文化大革命**（文革，1966 ～ 1977 年）回到權力核心。表面上，文革是為了建構社會主義的精神文化，實際上是毛澤東等人為了攻擊穩健派的幹部和知識分子，組織了一群發誓效忠他的學生集團

——**紅衛兵**。文革的結果，造成了中國社會和經濟的嚴重混亂。

一九七二年，美國總統**尼克森**（P216）訪問中華人民共和國（尼克森訪華）。當時的美國在**越戰**（P216）中吃足苦頭，需要改變外交政策，因此打算推動中美邦交正常化；後來日本也跟進。

在毛澤東死後上臺的**鄧小平**（1904 ～ 1997 年）善用此一局勢，從此中國便在美國和日本的援助下，採取資本主義經濟政策，建立「**改革開放**」的市場經濟體系。

另一方面，蔣介石在臺灣（中華民國）延續個人的政治生涯，但經濟政策採取的是工業化路線，和香港、韓國同為頗受矚目的**新興工業化國家**。

毛澤東的
中華人民共和國

北京

蔣介石的
中華民國

臺北

臺灣

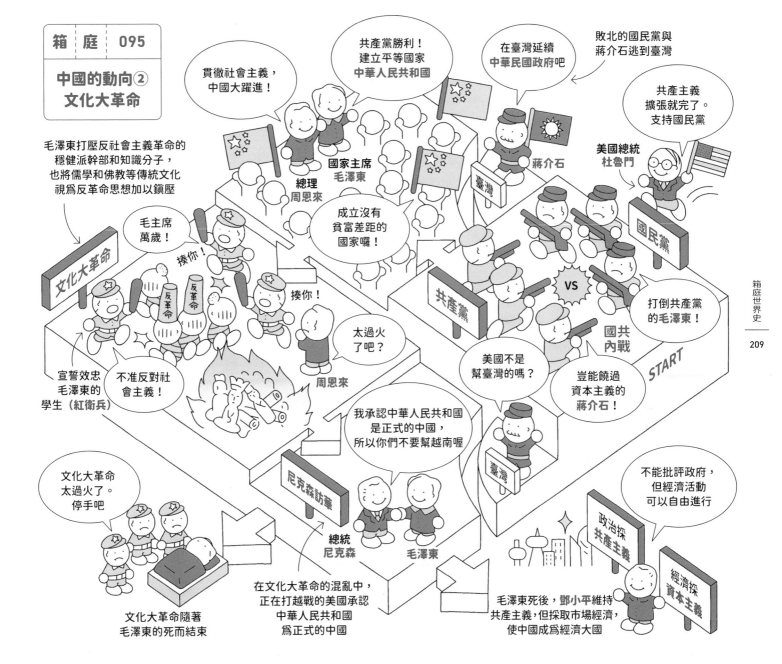

096

冷戰時期①

鐵幕

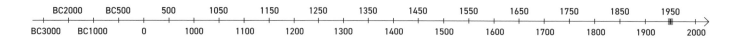

現代

210

第二次世界大戰結束後的一九四六年三月，英國首相**邱吉爾**（P200）在美國發表演說，主張從波羅的海到亞得里亞海，有一道縱貫歐洲的「鐵幕」已經拉下。這句話正是在形容東歐各國的資訊，已在蘇聯極權主義統治下遭到控制。

一九四七年三月，美國總統**杜魯門**（1945～1954年在任）擔心蘇聯的政治影響力會從地中海向外擴大，於是宣布向正處於內戰的希臘、與蘇聯對立的土耳其提供經濟援助（**杜魯門主義**），開始對共產主義區域採取**圍堵政策**。在此政策下，美國也表示會對整個歐洲實施重振經濟的無償**援助計畫**（**馬歇爾計畫**）。

對此，蘇聯共產黨總書記**史達林**（P202）集結了東歐六國和法國、義大利的共產黨，組成**共產黨和工人黨情報局**（Cominform，1947年）。從此以後，未出現直接軍事衝突的**冷戰**，就在東西方之間持續蔓延。

後來，蘇聯支持捷克斯洛伐克共產黨發起**政變**（1948年），並在該國建立了共產黨的一黨獨裁政體。備感威脅的西歐各國，於是和美國共同組成了**北大西洋公約組織**（NATO，1949年）。

在這之後，包括《**中蘇友好同盟互助條約**》（1950年）的簽訂、蘇聯與東歐組織的軍事同盟華沙公約組織（1955年），以及蘇聯持有核武等局勢變化，都有隨時將政治對立升級成為軍事衝突的危險性 —— 在這期間爆發的**韓戰**（P212）就是其中的代表。世界以「鐵幕」為分界，就這樣分裂成為東西兩側。

西方各國和東方各國的分裂，
始於美國、英國、蘇聯召開的雅爾達會議中，
對德國和波蘭的戰後處理協議

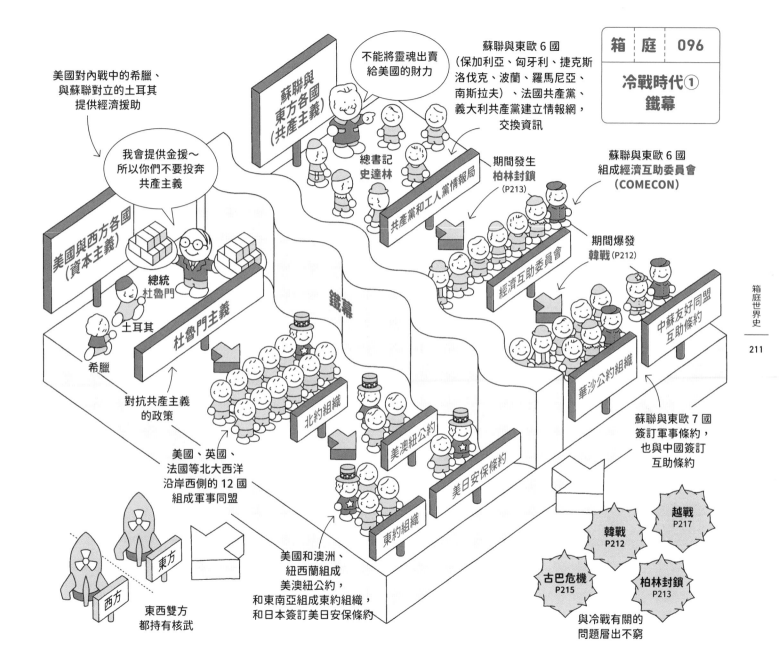

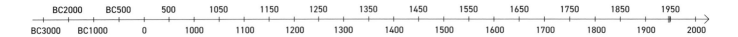

現代

212

第二次世界大戰結束後，德國西側（西德）由美國、英國和法國占領，東側（東德）則是由蘇聯占領（德國四個盟軍占領區，1945年）。由於負責討論德國民主改革的盟國管制理事會，設置於東側的首都柏林，因此，儘管地理上位於東德，但首都柏林同樣也是西側由美國、英國、法國占領，東側由蘇聯占領（柏林分割管理）。

德國的民主改革是依循《波茨坦協定》，由四國共同推進「一個德國」的主張。然而，蘇聯卻在東德實施土地改革、推行社會主義，嚴重失信於美、英、法三國。

一九四八年六月，蘇聯宣布在東德實施貨幣改革；美、英、法三國隨後也宣布在西德進行貨幣改革。於是蘇聯阻斷了連接西德與西柏林的鐵路和道路，實施柏林封鎖，導致西柏林的物資運輸受阻，危及人民的生活。

美國和英國因此派出飛機，將生活物資空運到西柏林，幾乎每分鐘都有飛機不分晝夜在西柏林的機場起降，採取遠超乎一般所能想像的因應措施。蘇聯的封鎖策略在一年後結束，但德國依然分裂為德意志聯邦共和國（西德）和德意志民主共和國（東德）兩個國家。

戰後的朝鮮半島同樣遭到美國和蘇聯占領。一九四八年，美國所支持的南方獨立為大韓民國（南韓），蘇聯所支持的北方則獨立成為朝鮮民主主義人民共和國（北韓）。一九五〇年，北韓為了統一朝鮮半島，跨越一九四五年所畫定的北緯三十八度線，揮軍南韓。聯合國安全理事會認定這是入侵行為，於是派出聯合國部隊支援南韓（但此時蘇聯缺席）；和蘇聯合作的中國則派出志願軍進入北韓。冷戰在亞洲轉化成為熱戰。

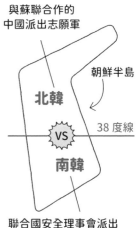

韓戰

與蘇聯合作的中國派出志願軍

朝鮮半島

北韓

VS

38度線

南韓

聯合國安全理事會派出聯合國部隊

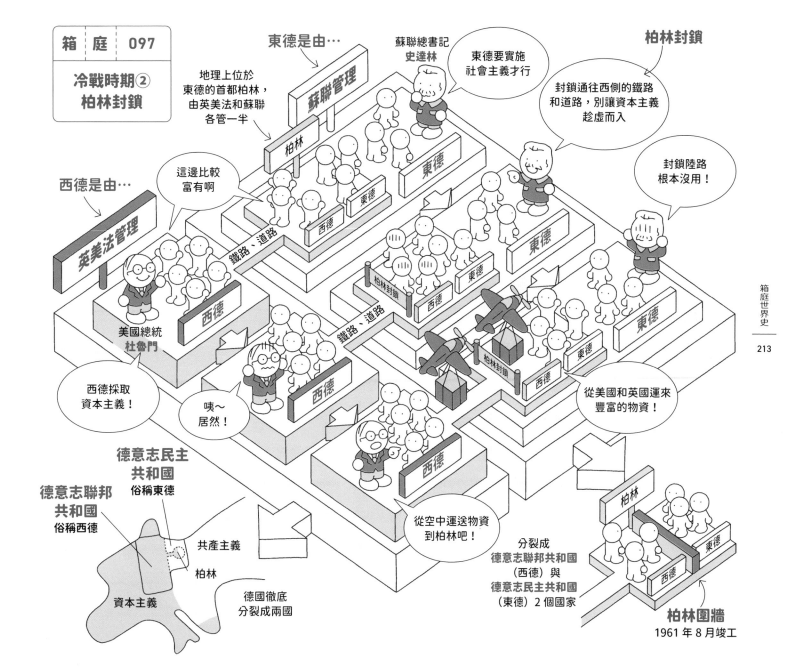

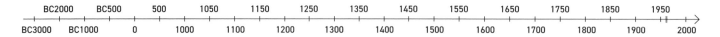

史達林（P202）死後，赫魯雪夫（1953～1964 年在任）成為蘇聯的最高領導人。後來赫魯雪夫**訪美**，蘇聯也開始推動主張東西方緩和、名為「**三和路線**」的外交方針，而**冷戰**的緩和政策（低盪）也被形容為「**融雪**」。

一九五九年，在加勒比海的**古巴**，親美的巴蒂斯塔（1940～1944 年、1952～1958 年在任）政府在**古巴革命**後垮臺。繼任為總理的卡斯楚在一九六一年宣布要將古巴**社會主義化**。隔年，蘇聯為了取得對美國的軍事優越地位，在古巴境內部署了飛彈基地。

美國總統**甘迺迪**（1961～1963 年在任）獲知消息後，展現出不惜一戰的強硬態度，要求古巴撤除飛彈。另一方面，蘇聯也在東柏林集結軍隊，處於隨時都能進攻西柏林的局勢。這次**古巴飛彈危機**（1962 年），讓原本的「融雪」頓時轉向第三次世界大戰一觸即發的氛圍。幸好最後赫魯雪夫妥協，蘇聯撤除了飛彈基地，也避免了核戰爆發。一九六三年，美國和蘇聯簽訂了象徵三和路線復甦的《**部分禁止核試驗條約**》。

沒想到就在三個月後，總統甘迺迪遇刺身亡，由副總統**詹森**（P216）繼任。

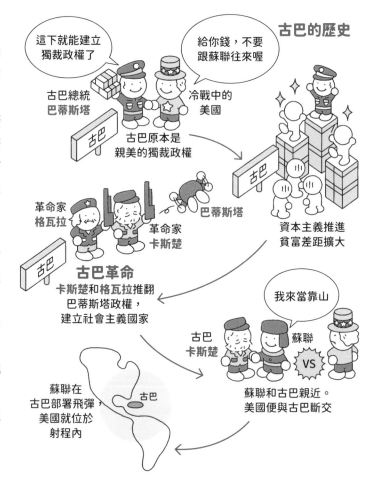

古巴的歷史

這下就能建立獨裁政權了

給你錢，不要跟蘇聯往來喔

古巴總統巴蒂斯塔　冷戰中的美國

古巴原本是親美的獨裁政權

巴蒂斯塔

資本主義推進貧富差距擴大

革命家格瓦拉　革命家卡斯楚

古巴革命
卡斯楚和格瓦拉推翻巴蒂斯塔政權，建立社會主義國家

我來當靠山

古巴卡斯楚　蘇聯 VS

蘇聯和古巴親近。美國便與古巴斷交

蘇聯在古巴部署飛彈，美國就位於射程內

古巴

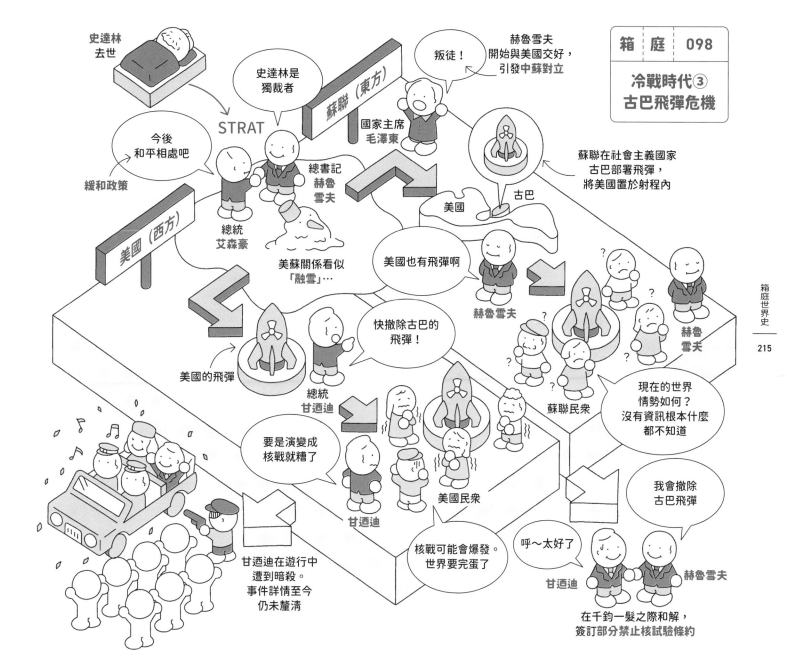

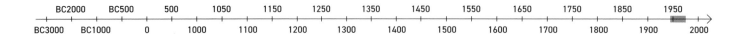

　　第二次世界大戰結束後，**法屬印度支那**（P164）出現了一位獨立運動領袖胡志明（1890～1969年），宣示要脫離法國統治、建立**越南民主共和國**（北越，1945～1976年）。法國並不承認這場獨立運動，並在南部的西貢市建立了越南國（1949～1955年），和越南民主共和國展開**印度支那戰爭**（1946～1954年）。但法國最終敗北，撤離印度支那。

　　印度支那戰爭結束後，北緯十七度線以南的地區獲得美國支持，建立了**越南共和國**（南越，1955～1975年）。但此時，南越出現了追求南北越統一的社會主義勢力——**越南南方民族解放陣線**，越南戰爭於是爆發（1960～1975年）。美國總統詹森（1963～1969年在任）認為，「如果社會主義統一了越南，就會影響到整個東南亞」，因此高度關注這場戰爭，而美國也自一九六五年起介入越戰，展開**滾雷行動**（1965～1968年），對北越執行轟炸任務。

　　不料戰爭逐漸陷入僵局。除了新聞媒體連日播放戰場的慘烈影像，當時美國國內還有**金恩牧師**（1929～1968年）發起的**非裔美國人民權運動**（反對黑人種族歧視運動），以及反對歧視少數群體的運動。這些批判政府的輿論連帶炒熱了**反越戰運動**。

　　繼詹森之後就任總統的尼克森（1969～1974年在任，P208）於一九七三年簽訂了《巴黎和平協約》，確定美軍必須撤出越南。一九七五年，北越軍和解放民族陣線一同占領南越首都西貢（現在的胡志明市），西貢解放，越戰結束。一九七六年，南北越統一，建立了越南社會主義共和國。

金恩牧師

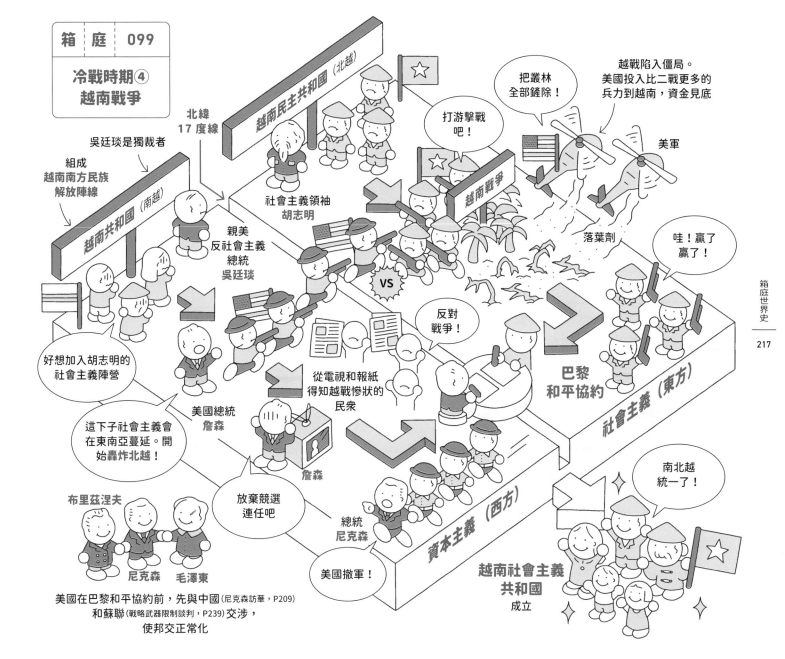

在**第一次世界大戰**（P178）中，英國與殖民地印度簽訂了「只要共同作戰，即承認戰後自治權」的條約。不過，英國雖在戰後通過《羅拉特法案》（1919 年），承認印度自治，但英國人也能在不經審判、不需令狀的情況下就逮捕、羈押印度人嫌犯。

印度人強烈反對《羅拉特法案》，沒想到英軍竟在抗議集會上射殺印度民眾，造成多人死亡。

就在此時，出現了鼓吹「非暴力抗爭」「不合作運動」的人民領袖**甘地**（1869～1948 年）。堅持不用暴力手段、持續抵抗英國打壓的甘地，漸漸喚起人們的共鳴。

當時的印度有兩派人馬對立，一個是由**尼赫魯**（1889～1964 年）領導、以印度教徒為主的**印度國民大會黨**，另一個是由**真納**（1876～1948 年）所領導、以穆斯林為主的**全印穆斯林聯盟**。不過談到甘地所發起的運動，不論是印度教徒或穆斯林，都有許多人參加（甘地本身是印度教徒）。支持印度的言論遍及全世界，英國最終只能承認印度自治。

第二次世界大戰後，印度正式脫離英國獨立。但**尼赫魯**和**真納**未能達成共識，於是尼赫魯建立了**印度聯邦**，真納建立了**巴基斯坦**。印度教和伊斯蘭教的對立一直持續到

建國後，渴望統一印度的甘地也遭到印度教徒暗殺身亡。

之後，**印度聯邦**頒布了《印度憲法》（1950 年），成為現在的**印度共和國**。但印度和巴基斯坦的緊張局勢，在雙方都持有核武的狀態下，一直延續至今。

巴基斯坦

巴基斯坦原本是西巴基斯坦與東巴基斯坦組成的國家，後來因經濟落差而發生衝突，東巴基斯坦獨立為孟加拉。印度則支持同樣使用孟加拉語的孟加拉

印度

巴基斯坦
↓
孟加拉

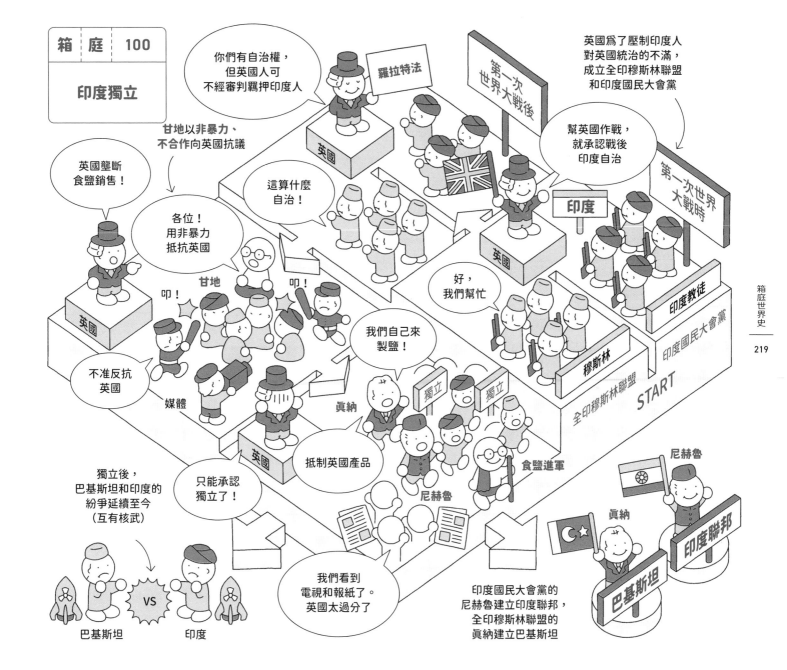

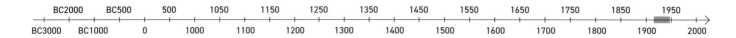

現代

220

國際上還有巴勒斯坦問題。原因可以追溯到**第一次世界大戰**（P178）的時代。

一次大戰中，英國為了保護做為母國繁榮後盾的蘇伊士運河不受敵對的鄂圖曼帝國攻擊，將**巴勒斯坦地區**設為**緩衝地區**（為避免國家衝突而設於中間的中立地帶）。

一九一五年時，英國透過《麥克馬洪—海珊協定》對鄂圖曼帝國境內的阿拉伯人表態，支持他們獨立，條件則是要起義反抗鄂圖曼帝國軍。在最後的協定中，巴勒斯坦被排除在阿拉伯人獨立地區之外。

一九一六年祕密簽訂的《賽克斯—皮科協定》中，在英國、法國、俄羅斯三國的同意下，巴勒斯坦就這樣成為英國的領土。

此外，英國為了取得猶太資本家贊助的戰爭資金，還透過《貝爾福宣言》（1917 年）承認在巴勒斯坦建設民族之家。

這些外交政策所造成對巴勒斯坦的認知差異，正是導致阿拉伯人和猶太人不斷對立和衝突、在戰後衍生出**中東問題**的背景（以阿戰爭，P222）。

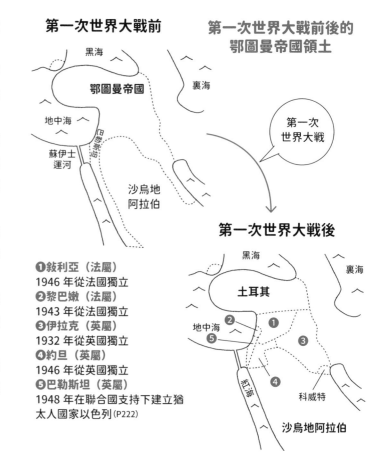

第一次世界大戰前

黑海
鄂圖曼帝國
裏海
地中海
蘇伊士運河
沙烏地阿拉伯

第一次世界大戰前後的鄂圖曼帝國領土

第一次世界大戰

❶敘利亞（法屬）
1946 年從法國獨立
❷黎巴嫩（法屬）
1943 年從法國獨立
❸伊拉克（英屬）
1932 年從英國獨立
❹約旦（英屬）
1946 年從英國獨立
❺巴勒斯坦（英屬）
1948 年在聯合國支持下建立猶太人國家以色列（P222）

第一次世界大戰後

黑海
裏海
土耳其
地中海
❷
❺
❶
❸
❹
科威特
沙烏地阿拉伯

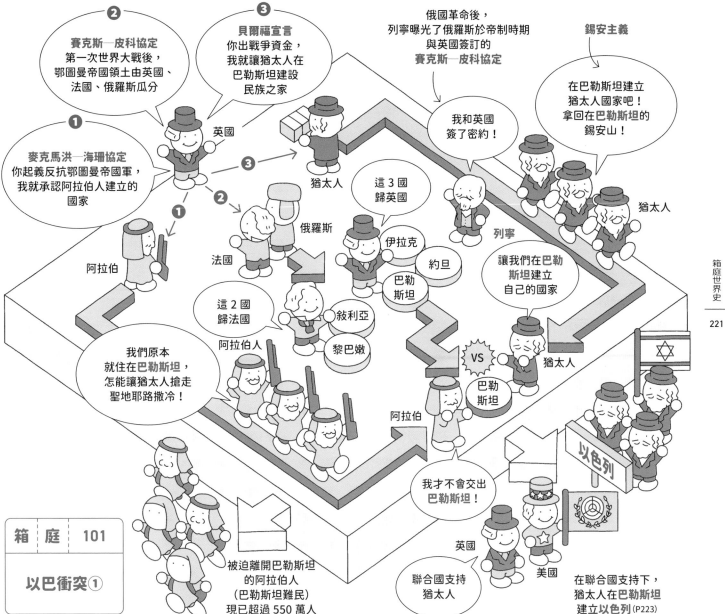

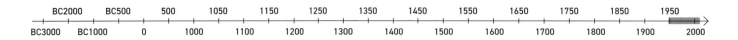

第二次世界大戰後,聯合國(英、美等國)將**巴勒斯坦**一半以上的土地做為猶太人居住區,並讓**以色列**在此建國(1948 年,P220)。此事引起原本就住在巴勒斯坦的阿拉伯人和阿拉伯各國反對,共引發了四次以阿戰爭。

從**第一次以阿戰爭**(1948 年)到**第三次以阿戰爭**(1967 年),以色列不停拓展占領區,許多阿拉伯人也因此被逐出巴勒斯坦、成為**巴勒斯坦難民**。後來這些難民組成了**巴勒斯坦解放組織**(PLO,1964 年),由阿拉法特(1969～2004 年在任)擔任主席,對抗以色列。

至於石油出口國埃及、沙烏地阿拉伯、科威特等阿拉伯各國,則是組成**阿拉伯石油輸出國組織**(OAPEC,1968 年),在**第四次以阿戰爭**(1973 年)之際,針對支持以色列的西方各國實施石油禁運政策,帶來**石油危機**(1973 年),嚴重衝擊了全世界。

之後,阿拉伯各國和以色列依然沒有和解的跡象。到了一九九三年,終於在美國的調停下,PLO 主席**阿拉法特**和以色列總理拉賓(1992～1995 年在任)先是簽訂了《奧斯陸協議》,後來又在美國白宮簽署了《臨時自治安排原則宣言》。

然而,拉賓卻在不久後遭到狂熱的猶太教青年槍殺。直到今天,和平仍無以為繼。

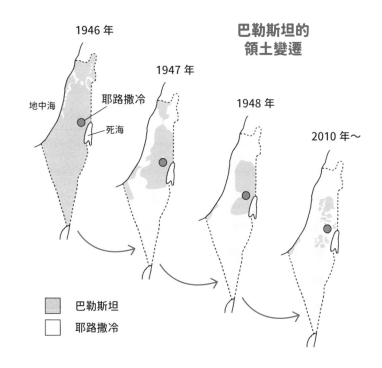

巴勒斯坦的
領土變遷

1946 年

1947 年

1948 年

2010 年～

地中海

耶路撒冷

死海

⬛ 巴勒斯坦

⬜ 耶路撒冷

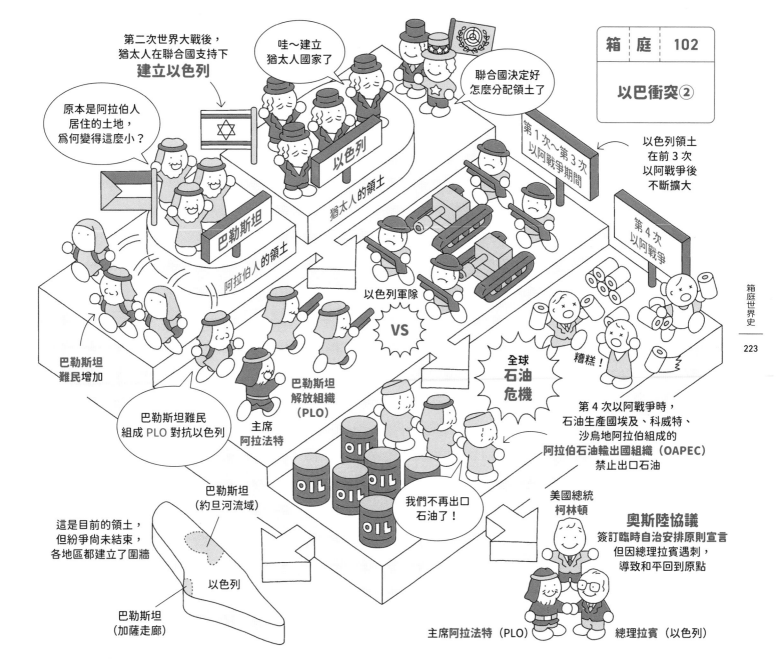

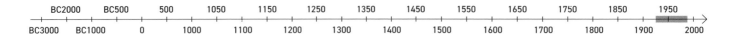

受伊斯蘭文化薰陶的**伊朗**（波斯），在十六世紀時建立了以伊斯蘭教什葉派為國教的**薩法維王朝**（1501～1736年）。

薩法維王朝覆滅後，統一伊朗的王朝是**卡扎爾王朝**（1796～1925年）；但到了十九世紀，敗給入侵的俄羅斯，簽訂了《**土庫曼恰伊條約**》（1828年），被迫割讓喬治亞、亞塞拜然、亞美尼亞給俄羅斯，住在伊朗的俄羅斯人則擁有治外法權。

英國也想在卡扎爾王朝分一杯羹，取得伊朗的菸草**專賣權**，沒想到引發了伊朗的**菸草抗議運動**（1891～1892年）。而此事件也使得伊朗人的民族意識升高。

在此同時，擔任軍事將領的**李查汗**（1878～1944年）為了挽回卡扎爾王朝的頹勢，便透過**政變**就任為國防總司令，並在一九二五年推翻卡扎爾王朝，建立**巴勒維王朝**（1925～1979年），以**李查沙阿**（1925～4191年在位）之名即位成為國王。

一九六三年，第二任國王**巴勒維二世**（1941～1979年在位）推動了名為**白色革命**的近代化政策，但由於貧富差距造成的社會問題，伊朗在一九七九年爆發了**伊朗伊斯蘭革命**。主張回歸伊斯蘭主義的**何梅尼**（1902～1989年，什葉派）成為國家領袖，催生出延續至今的**伊朗伊斯蘭共和國**。

此時，鄰國伊拉克的總統**海珊**（1979～2003年在任，遜尼派）擔心何梅尼將革命輸出到全世界，打破遜尼派既有的優勢，於是先發制人入侵伊朗，引發**兩伊戰爭**（1980～1988年）。但戰爭讓伊拉克的經濟貧困，最後也因為**聯合國安全理事會**的調停而結束。

什葉派

主張只有伊斯蘭教始祖穆罕默德的真正後代才能成為領導者的宗派。
雖然信徒只占全球穆斯林約 10%，但伊朗人口約 90%、伊拉克人口約 60% 都屬此派

遜尼派

不採取世襲，而是更重視遵循穆罕默德言行（聖訓）的宗派。
信徒占全球穆斯林約 90%

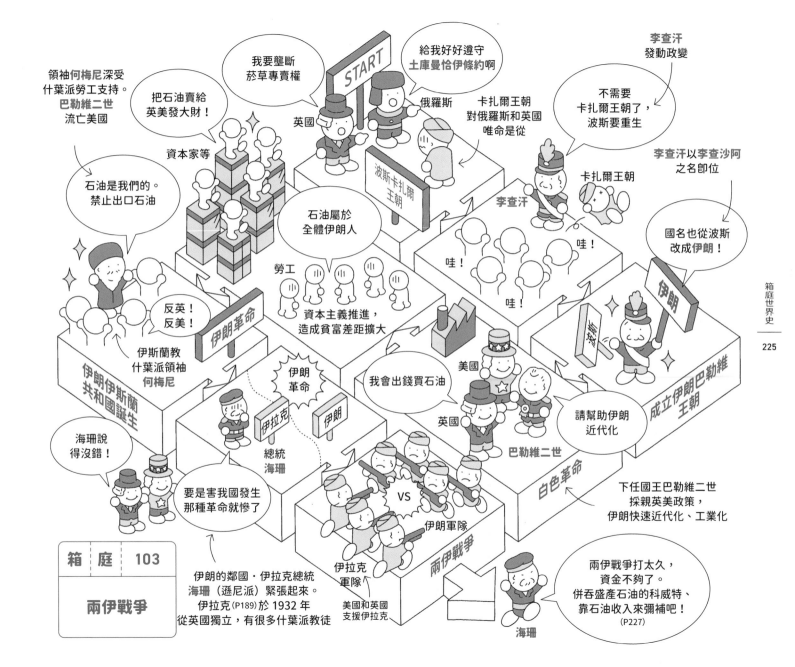

伊拉克總統**海珊**（P224）試圖用石油收入來彌補**兩伊戰爭**（P224）帶來的負債，因此出兵進攻盛產石油的**科威特**，打算併吞其領土。

美國總統**老布希**（1989～1993年在任）見狀，便開始對海珊保持戒備。而在聯合國決議通過後，老布希組成多國聯盟軍隊，對伊拉克發動空襲，**波灣戰爭**（1991年）就此爆發。

儘管美國在戰爭中取勝，海珊也從科威特撤軍，但海珊政權依然屹立不搖。

二○○一年九月十一日，美國發生九一一恐怖攻擊事件。時任美國總統**小布希**（2001～2009年在任）認定恐攻的主謀是伊斯蘭激進派的**蓋達組織**，於是美國以「阿富汗的**塔利班政權**包庇蓋達組織」為由，派軍空襲阿富汗，試圖推翻塔利班政權。

後來，小布希又聲稱伊拉克總統海珊「支持蓋達組織、持有大規模殺傷性武器」，在未通過聯合國決議的情況下，便出兵進攻伊拉克（**伊拉克戰爭**，2003年）。

此次出兵的結果，長年打壓**庫德族**（以庫德語為母語的民族）和**什葉派**（P224）的海珊獨裁政權確實結束了，但美軍

並未在伊拉克發現大規模殺傷性武器，也沒有任何證據顯示海珊協助蓋達組織。

逐漸變調的伊拉克戰爭

沒發現大規模
殺傷性武器

必須讓
伊拉克發展
民主主義

無法鎖定主謀

必須根除大規模
殺傷性武器

須報復恐攻的
主謀

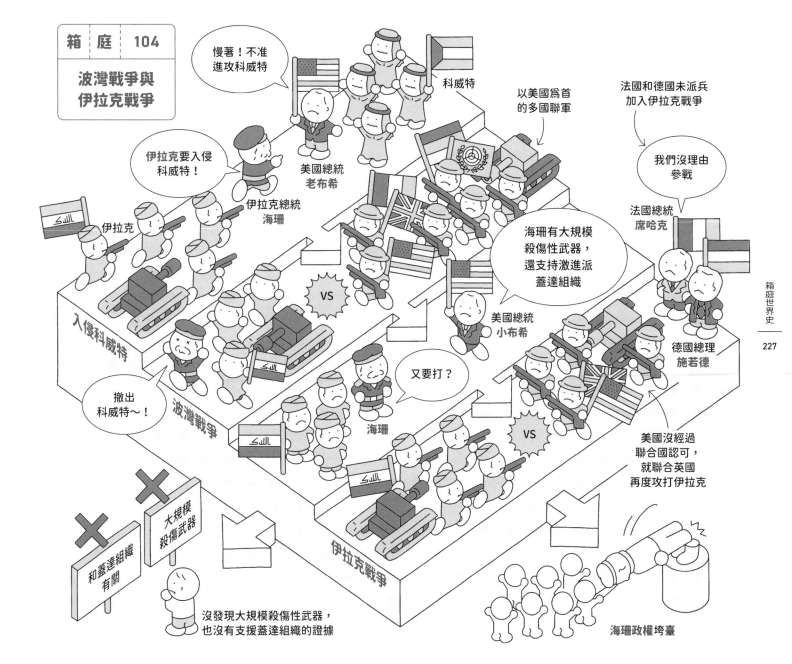

蘇聯解體①

戈巴契夫的經濟改革與冷戰終結

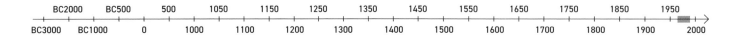

蘇聯的**赫魯雪夫**（P214）失勢後，新任總書記由布里茲涅夫（1964～1982年在任）接任。美國和蘇聯繼續保持協調關係，並在聯合國大會上簽署《核武禁擴條約》（NPT，1968年，現有190國加入）。**緩和政策**（P214）成為國際政治的潮流，美國和蘇聯也都同意進行裁減軍備的第一輪戰略**武器限制談判**（SALT 1，1969～1972年）。

在此期間，捷克斯洛伐克發生了由共產黨總書記杜布切克（1968～1969年在任）所領導的民主改革運動──**布拉格之春**。蘇聯擔心東歐各國會受到影響，於是動員華沙公約組織武裝部隊（1955～1991年）鎮壓這項運動，是為捷**克事件**（1968年）。翌年，蘇聯又在烏蘇里江一帶因為與中國的邊界問題而爆發中蘇邊界衝突。

各社會主義國家發生的大小事令蘇聯頭痛不已。正因如此，西方的緩和政策對蘇聯來說應該也是有必要的，緩和政策就在這個局面下持續推展。一九七五年，**歐洲安全與合作會議**（CSCE，共35國參加）在芬蘭召開，會中簽署的《赫爾辛基協議》就包含了「不得使用武力壓迫人權」等原則。

但在蘇聯入侵阿富汗（1979年）後，改變了這個局勢，

美國強力譴責蘇聯，並以缺席來抵制一九八○年舉辦的**莫斯科奧運**；之後，蘇聯也缺席了一九八四年的**洛杉磯奧運**。這兩次大會因此被稱為「半個世界奧運」。

不過在**戈巴契夫**（1985～1991年在任）就任蘇聯共產黨總書記後，便開始以經濟改革（重建）為主幹，推動政治和經濟的全面改革。另外，戈巴契夫記取蘇聯隱匿車諾比核災（1986年）事故報告、導致災情擴大的教訓，也推行了**開放政策**（資訊公開），蘇聯人民的言論也因此自由化。

正當戈巴契夫在蘇聯建立代議民主制度並轉向實施市場經濟的同時，戰後的歷史清算仍持續進行。一九八九年，蘇聯撤軍阿富汗。同年十二月，戈巴契夫和美國總統**老布希**（P226）在馬爾他峰會上宣布冷戰結束。

馬爾他峰會
始於雅爾達會議（P202）的
美蘇冷戰結束，被形容為
「從雅爾達到馬爾他」

蘇聯
戈巴契夫

美國
老布希

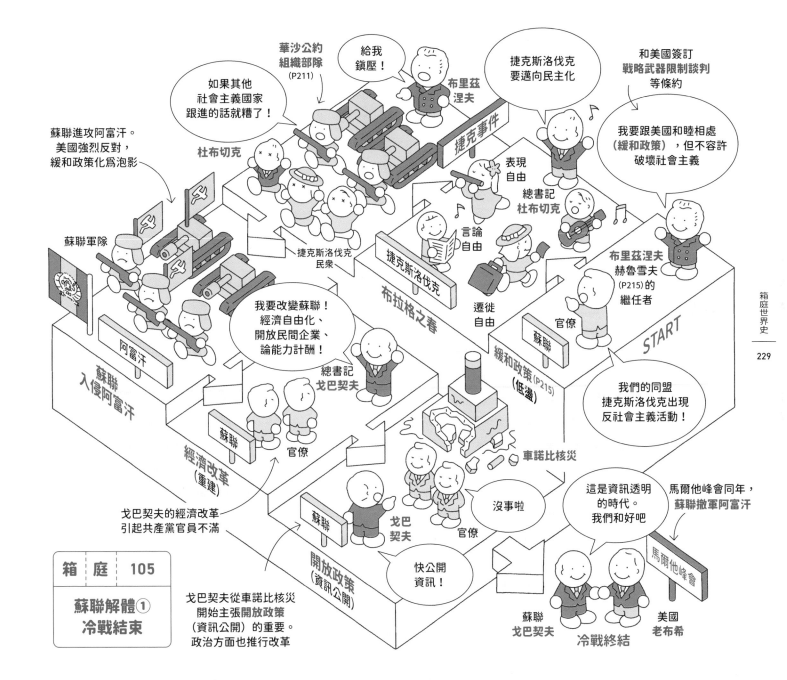

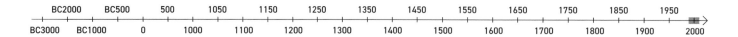

現代

230

一九八九年，**冷戰結束**（P228），畫下句點的不只是蘇聯與西方的外交問題。蘇聯的**戈巴契夫**（P228）所推動的彈性「新思維外交」（協調外交），不但擴及東歐各國，他更在一九八八年向東歐各國否定了「蘇聯的領導地位」。此事造成一九八九年東歐各社會主義國家的劇變。

首先，波蘭舉行了民主大選，自治獨立工會「團結」大勝，建立了東歐第一個非共產黨政權。

十一月，柏林圍牆倒塌。接著，捷克斯洛伐克發生了「天鵝絨革命」，以和平的方式讓共產黨政權下臺。

相對於捷克斯洛伐克的和平，**羅馬尼亞革命**（1989年12月）則是以處決獨裁總統**西奧塞古**（1967～1989年在任）收場。一九九〇年，德國統一為德意志聯邦共和國（P212）。

戈巴契夫廢除共產黨獨裁、引進市場經濟，馬不停蹄地實施改革。但快速的改革造成社會經濟混亂，共產黨保守派於是發起**八月政變**。

沒想到**八月政變**遭到**俄羅斯聯邦總統葉爾辛**（1991～1999年在任）率軍鎮壓，以失敗告終。於是到了一九九一年十二月，**蘇聯解體**。

在葉爾辛之後繼任、誇耀「強大俄羅斯」的總統普丁（2000～2008年，2012年～在任），併吞了**烏克蘭人民共和國的領土——克里米亞半島**（2014年）後，開始全面入侵烏克蘭，內政方面也重建了獨裁體制。

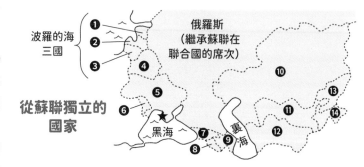

波羅的海三國

俄羅斯
（繼承蘇聯在聯合國的席次）

從蘇聯獨立的國家

黑海　裏海

❶愛沙尼亞　❺烏克蘭（★克里米亞半島）　❽亞美尼亞　⓬土庫曼
❷拉脫維亞　❻摩爾多瓦　❾亞塞拜然　⓭吉爾吉斯
❸立陶宛　❼喬治亞　❿哈薩克　⓮塔吉克
❹白俄羅斯　⓫烏茲別克

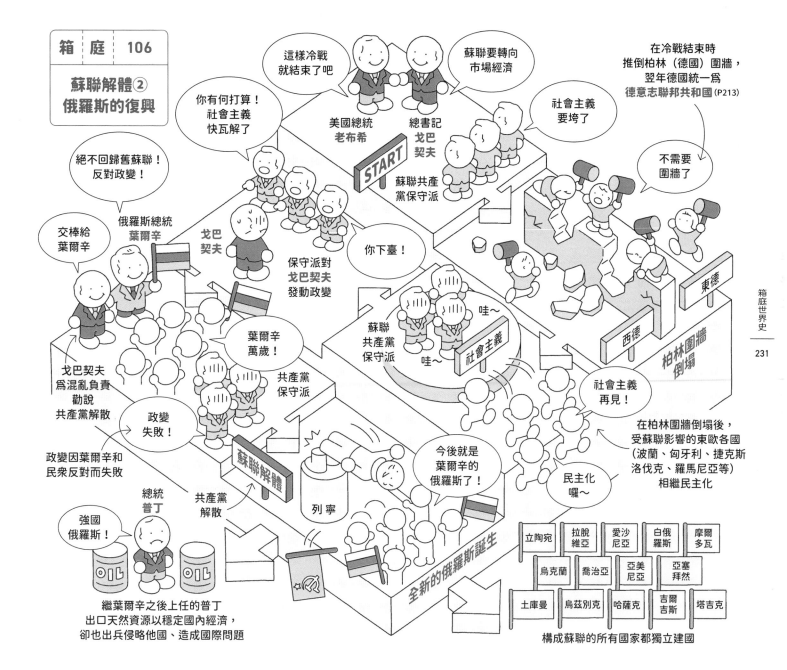

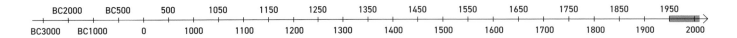

| BC2000 | BC500 | 500 | 1050 | 1150 | 1250 | 1350 | 1450 | 1550 | 1650 | 1750 | 1850 | 1950 |
| BC3000 | BC1000 | 0 | 1000 | 1100 | 1200 | 1300 | 1400 | 1500 | 1600 | 1700 | 1800 | 1900 | 2000 |

現代

232

第二次世界大戰後，國際間出現了「德國和法國必須修復關係，歐洲才能繁榮和平」的想法。

因此，法國外交部長**舒曼**（1886～1963年）先是發表了**舒曼計畫**（1950年），主張「萊因河是工業資源的寶庫，建議由法國和德國設立共同的高級公署，來管理煤和鋼鐵的生產」。

但當時的政壇大老、後來的法國總統**戴高樂**（P200）認為法國的立場薄弱，因此反對這項計畫。英國也認為，由德國和法國共同掌握工業資源，會導致國際政治勢力失衡。不過，鄰近的比荷盧聯盟和義大利卻表態加入舒曼的提案。於是一九五二年時，法國、西德、義大利、比利時、荷蘭、盧森堡等六國組成了**歐洲煤鋼共同體**（ECSC）。

後來，歐洲各國又陸續成立了**歐洲原子能共同體**（EURATOM，1958年）和**歐洲經濟共同體**（EEC，1958年）。為了有效整合，便將三個共同體合併為**歐洲共同體**（EC，1967年）。各會員國都擁有貿易自由、勞工移動自由等權利，整合為一個經濟體。一九七三年，英國、愛爾蘭、丹麥加入，邁向「**歐洲聯盟擴大**」（1973年）的時代。

一九九二年，歐洲共同體的各國簽署了《馬斯垂克條約》，一九九三年正式成立**歐洲聯盟**（EU，歐盟）。歐盟發行單一貨幣**歐元**，其目標是建立「歐洲合眾國」。

歐盟目前的成員國已有二十七國，但各國之間因經濟落差、難民收容問題，使得彼此的齟齬逐漸浮上檯面；**英國脫歐**（2020年）就是在這種情勢下發生的。

另一方面，舊蘇聯各國的加盟，也使歐盟和俄羅斯關係的惡化越來越明顯。

歐盟今後的走向，可說正是全世界目前關注的焦點。

歐盟成員國
2022

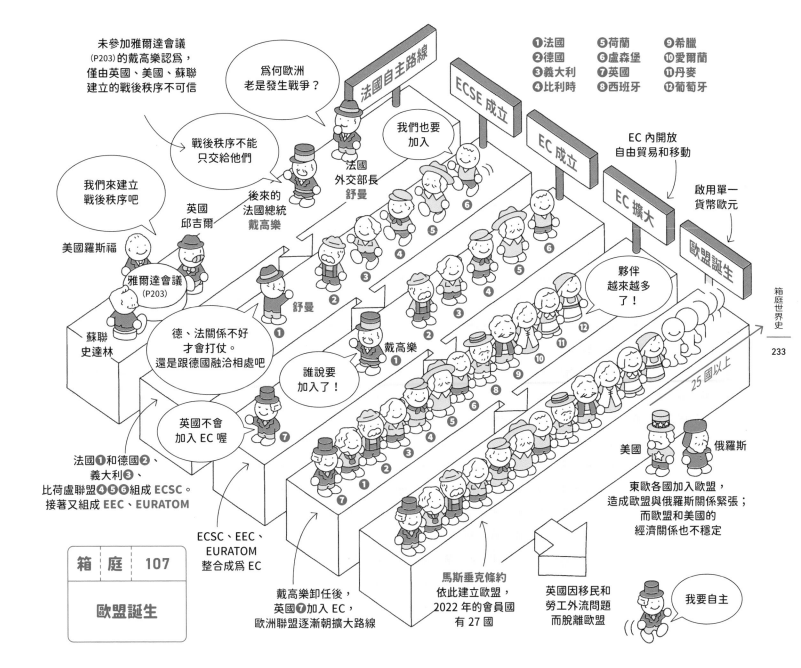

致謝詞

本書能夠付梓出版，
要歸功於擔任本書監修的祝田秀全先生。
儘管本書是輕鬆取向的讀物，他仍細心審閱，
在此要向他致上深厚的謝意。

此外，
也衷心感謝協助編輯工作的 CAMIYU 歷史編輯部全體同仁、
負責校閱的小野寺一夫先生、
提供出版機會的山本豐和先生，
以及 KANKI 出版編輯部的谷內志保小姐。

最重要的，是願意閱讀這本書的各位讀者，
誠摯地感謝大家。

Eurasian Publishing Group
圓神出版事業機構
用心與你對話·視野無限寬廣

究竟出版社
Athena Press

www.booklife.com.tw   reader@mail.eurasian.com.tw

歷史　083

箱庭世界史 俯瞰107個重大歷史事件，快速建立國際觀

作　　　者／田中正人
監　　　修／祝田秀全
譯　　　者／陳聖怡
發 行 人／簡志忠
出 版 者／究竟出版社股份有限公司
地　　　址／臺北市南京東路四段50號6樓之1
電　　　話／（02）2579-6600・2579-8800・2570-3939
傳　　　真／（02）2579-0338・2577-3220・2570-3636
副 社 長／陳秋月
副總編輯／賴良珠
責任編輯／林雅萩
校　　　對／林雅萩・賴良珠
美術編輯／李家宜
行銷企畫／陳禹伶・鄭曉薇
印務統籌／劉鳳剛・高榮祥
監　　　印／高榮祥
排　　　版／陳采淇
經 銷 商／叩應股份有限公司
郵撥帳號／18707239
法律顧問／圓神出版事業機構法律顧問　蕭雄淋律師
印　　　刷／祥峯印刷廠
2023年7月　初版

箱庭西洋史
© Masato Tanaka 2023
Originally published in Japan by KANKI PUBLISHING INC.,
Chinese (in Simplified characters only) translation rights arranged with
KANKI PUBLISHING INC.,
Complex Chinese translation copyright © 2023 by Athena Press
an imprint of EURASIAN PUBLISHING GROUP
All rights reserved.

所謂的歷史，並不是年代人名事件的目錄集，

而是在事件發生的當下，當事者所引起的情緒反應與人性抉擇。

每起事件背後都有其合理的原因，

而這些事件到最後，

都會變成下一起事件的緣起。

——神奇海獅，《海獅說歐洲趣史》

◆ 很喜歡這本書，很想要分享
圓神書活網線上提供團購優惠，
或洽讀者服務部 02-2579-6600。

◆ 美好生活的提案家，期待為您服務
圓神書活網 www.Booklife.com.tw
非會員歡迎體驗優惠，會員獨享累計福利！

國家圖書館出版品預行編目資料

箱庭世界史：俯瞰107個重大歷史事件，快速建立國際觀／田中正人 著；
祝田秀全 監修；陳聖怡 譯 --初版--
臺北市：究竟出版社股份有限公司，2023.07
240面，22.9×18.2公分 --（歷史：83）
ISBN：978-986-137-406-2（平裝）
1. 世界史

711   112007663